上海总商会纪事

人物寻踪

徐惠明 主编
王昌范 编著

上海人民出版社

目　录

会　长　篇

会董篇

会员篇

会　长　篇

严信厚生卒年份考

严信厚先生是上海第一个商界团体——上海商业会议公所首届总理，为近代“宁波帮”的代表人物，但对其生卒年份，各种工具书说法不同。如李盛平主编《中国近现代人名大辞典》(中国国际广播出版社1989年版，第284页）记作1838—1907，《宁波词典》(复旦大学出版社1992年版，第346页）为1837—1907，俞福海主编《宁波市志》(下)(中华书局1995年版，第2956页）有两种说法：1828—1906和1839—1907，《浙江古今人物大辞典》下编（江西人民出版社1998年版，第232页）写作1850—1919，《宁波帮大辞典》(宁波出版社2001年版，第112页）为1828—1906，陈玉堂先生《中国近现代人物名号大辞典》(浙江古籍出版社1993年版，第345页）则将几种记载综合后写成：1838，一作1839—1907，一作1906，又作约1850—1919。

严信厚

对严信厚的生卒年代，浙江师范大学沈雨梧先生曾做过一番考证，所著《浙江近代经济史稿》(人民出版社1990年版，第167—173页）第六章为浙江籍企业家传记，其中第一节工商企业家就介绍了首办近代工业的严信厚。沈雨梧先生在注释中写道：“关于严信厚的生卒年代各书记载不一。《辞海》作约1850—约1918，《中国历史名人辞典》写为约1850—1919。据作者目前接触到记载严信厚的材料，尚无看到其出生年代，但其逝世的年代却有两种记载：(一)《上海总商会月报》1卷1期（1921年出版），载有《严信厚传》一文，说严信厚在光绪三十三年（1907年）卒，六十有九。按此推算，严信厚出生年代应为 1838 年。但是事隔一年，即 1922 年出版的《上海总商会月报》2 卷 3 期刊登丁翁写的《严信厚传》(其二)，文前尚有说明：'本报 1 卷 1 号所载《严信厚传》，尚有脱略，兹补而辑之。'该文说：严信厚在光绪三十二年（1906 年）夏以疾卒于津寓，年 79 岁。按此推算，严信厚出生年代应为 1828 年。作者又认为丁翁文章是看了《上海总商会月报》1 卷 1 期《严信厚传》后写的，从文章内容来看丁翁对严信厚的活动相当熟悉，所以他对严信厚逝世的记载较为可靠，故本传采严信厚生卒年代为（1828—1906），其余各书对严信厚生卒年代记载，均不采。"

沈雨梧先生考证中所述严信厚逝世年份是有相关史料可以佐证的。1909 年印行的《严氏寿芝山庄公牍章程汇录》在浙抚部院原奏部分有明确记载："浙江巡抚冯 奏为职员仰承先志捐产赡族恳恩照例建坊并援案乞赏匾额以示嘉奖恭折仰祈圣鉴事。——窃据署布政使喻兆蕃提学使支恒荣会详，据慈溪县知县吴喜孙详据县绅、二品衔农工商部二等议员、直隶补用道严义彬呈称，世居慈溪东乡严留车地方故父、赠内阁学士正一品、封典直隶特用道严信厚于光绪三十二年五月初九日殁于天津差次。"由此可知，严信厚先生于 1906 年 6 月 30 日在天津逝世。而他的出生年份却并非 1828 年。《古今楹联汇刻》(中国书店 1994 年版，第 384 页）载有严信厚跋提及"光绪庚子秋慈溪严信厚书于小长芦馆，时年六十有三"，光绪庚子为 1900 年，据此推算严信厚是出生于 1838 年，此外在《严氏像谱》碑拓中有一篇是严筱舫亲笔的"诰授荣禄大夫严先生小传"，文末写道："光绪壬寅秋八月严信厚谨记于沪江小书画舫时年六十有五。"光绪壬寅为 1902 年，也可证明他生于 1838 年。综上所述，严信厚先生正确的生卒年份应为 1838—1906。

（文 / 谢振声）

人物提示：

严信厚（1838—1906），字筱舫，浙江慈溪人。1902 年创设上海商业会议公所，拟订章程六条，并任总董。1904 年商业会议公所改组为商务总会，任总理。被誉为中国商会第一人。

曾铸抵制续签“华工禁约”

曾　铸

1905年，曾铸任上海商务总会会董。当时，美国新任驻华公使威廉姆打算继续与清政府续签“华工禁约”。四月初二日（5月5日），《申报》《时报》等报道了美国政府强迫中国政府代表签字画押的新闻，并警醒国人“此约若成，辱国病商，损我甚巨”。5月10日，上海商务总会率先召开各业商董特别大会，商讨抵制签约的办法。曾铸登台演说，提出以两个月为期限，若到期“美国不允将苛例删改而强我续约，则我华人当合全国誓不运销美货以为抵制”，到会的商董与商部官员合议致电外务部、商部坚拒签约，并电请南北洋大臣合力抗阻，再通电全国21个重要商埠的商会，要求齐心合作。商务总会总理严信厚、协理徐润等对抗议如此强硬面露难色，曾铸见状再一次表示“此公益事，并无风险，即有风险，亦不过得罪美人，为美枪毙耳。为天下公益死，死得其所，由我领衔可也”。因此，3个通电均署“沪商曾铸等公禀”，严辞声明要“伸国权而保商利”。

会后，各会馆公所等工商业团体及各界团体纷纷响应商务总会的通电，相继组织千人、百人之集会，让赴美人士将在美亲眼见到的虐待华人事例告之众人，施以舆论控诉，并提出抵制美货的办法。

5月16日，美国驻上海总领事罗杰斯照会上海道袁树勋，要求安排与商务总会头面人物会面。5天后，商务总会总理严信厚、协理徐润、坐办周金箴、议董曾铸、谢纶辉、苏葆笙、李云书、邵琴涛一行8人同赴美驻沪总领事馆会见美公使柔克义和驻沪总领事罗杰斯、副领事杰弗逊。美方在会见时声称，美国政府排华实为误会，而且续约签署要待下议院批准，为时尚在6个月之后，商务总会议决抵制事宜，实有碍于两国的良好关系。曾铸当即代表同行者表示了两个月的期限坚决不变动的强硬态度，双方会面不欢而散。为打开僵局，5月25日，协理徐润、坐办周金箴、议董曾铸等9人出面，宴请美国在沪官员及商人，双方都表示友好，又坚持己见，在两个月约期的问题上仍然没有达成妥协。

7月20日上午，曾铸最后一次拜访美驻沪总领事罗杰斯，听其表态，罗杰斯坚持改约得等待6个月，请曾铸转劝商民不要强难美国，曾铸毅然告之“人各有权”。下午，商务总会召集各业商董大会，正式实行抵制美货。坐办周金箴提出由各埠各业之巨商自行签名，承诺不订美货，与会者表示赞同，当即有7个行业的商董签名表示不订美货。大会还一致通过决议，由上海商务总会通电全国35个商埠，宣布抵制美货行动正式开始，与会当日，上海的钟表、航运等70多个行业相继宣布不购、不售、不代办美货，刻字业、邮政业制造和传递了大量抵制美货的传单，各团体、各地区纷纷举行集会。抵制美货运动在商务总会的倡导下，以上海为中心，迅速在全国形成了浩大的声势。各地商人捐款及组织力量，汇编了中国市场上销售的美货品种、牌号、商标，同时汇编入册的还有美国洋行的行名录，借此让商民认清而不买不用，达到有效抵制美货的目的。

此时，美国方面多次向清政府发出威胁性照会，清政府便电令两江总督处置曾铸，并向全国发布禁止抵制美货的上谕。同时，商务总会虽领导发起了抵货运动，但在落实具体措施上缺乏可操作性，致使运动成了仅以精神感染的“文明抵制”，而经营美货的得益者又与运动暗中抵触，最终迫使商务总会在8月6日的集会上，作出了“不订美货与不用美货须分辨明白，未可同时而语”的决议，并以总理严信厚、协理徐润、坐办周金箴的名义在报纸上发表公告，要求各业董事调查已订已买的美货，列出清单到商务总会注册，贴上印花贴，继续允许销售。各种流言又在中伤、恐吓曾铸，一时要暗杀曾铸的威胁四处弥漫，8月11日，曾铸发表了《留别天下同胞书》，从而退出运动。这样，抵制美货运动的高潮持续了十几天，便出现了逆转。舆论压力迫使清政府未与美国政府续签“华工条约”。

（文/文　舟）

人物提示：

曾铸（1849—1908），号少卿，福建同安人。经营海味业而致富。曾任南市马路工程局总董。1905年当选上海商务总会总理。

徐润其人其事

徐 润

徐润，原名以璋，1938年生于广东香山，今为中山市。其父徐宝亭，为清军将领，其伯其叔均为外国洋行的买办。

徐润14岁时入伯父当总买办的上海英商宝顺洋行为徒，学习丝绸、茶叶经营，兼学文化，因学习勤奋、办事认真，深得赏识，1861年被提拔为上海英商宝顺洋行副总买办，成为洋行高级管理人员。

此时，我国对外贸易中心逐渐从广东北移至上海，徐润在宝顺任职期间，派人分赴烟台、天津、牛庄等地开设分行。1860年起他把生意扩展到了日本。当人脉和财富积累了一定数量以后，徐润于1860年独自开办了茶号，1864年，他集资创办了绸庄、布号，他将从内地采办来的茶叶、棉花以及其他土产运至上海，又将从洋行得来的洋布、玻璃制品等洋货贩运至内地各埠销售，徐润作为中间商赚取了巨额的商业利润。

但他投资事业远不止于此，徐润很早就参与钱庄业、典当业，便于他所从事的各种经营活动的资金周转，不过几年，徐润在扬子江路（今中山东一路）至十六铺一带，以及现在的南京路、河南路等地购置了多处地产。由于经营活动范围广，财富来源多，徐润在10余年内迅速发迹，成为上海滩上引人注目的商界人物之一。

与当时其他买办出生的商人一样，为补未能以学入仕之憾，徐润在经商的同时不断地纳资捐官。1866年，李鸿章调兵至浙、闽各省镇压太平军余部。徐润几乎“毁家助饷”，鼎力相助，被李鸿章重视，经向清政府保荐，加四品衔，1872 年李鸿章创办轮船招商局于上海，派他协助管理，至此，徐润开始了他一生中最为辉煌的时期。

1877 年，徐润又将招商局盘入美商旗昌轮船公司，这是他自以为生平最为得意之事，他还立主广开航线，在当时远洋航线虽然收益有限，但对中华民族航运业的经验积累却有裨益。

1881 年，徐润还受李鸿章委托，开办了开平煤矿，这是中国最早的用机器采掘的煤矿，也是中国近现代矿业中经营的较为成功的一个。在为洋务派企业服务的同时，徐润也继续经营他自己的企业，1876 年他与人集资创办了仁和水险公司，专为招商局船只的货运承办保险，这是中国第一家保险公司。1882 年他还与堂弟合资创办了同文书局，到 1884 年中法战争前夕，他已经拥有财产 3409423 两，仅房地产一项，每月收入便可高达 122000 多两。

1883 年，上海爆发金融风潮，许多商号停业，地产和股票价格一落千丈，徐润经营的房地产投资失败，他所经营的其他产业也因摊子铺得太大，资金周转不灵，陷入破产边缘。为此，他曾挪用招商局公款救急，结果东窗事发，他在局内的对手盛宣怀乘机发难。其时，招商局根基已固，李鸿章无须再利用商人资本维持局面，于是将徐润革职，并侵吞了他在局内的资产。

离开招商局后，徐润不甘沉寂，继续从事实业，但屡遭坎坷，直到 1901 年，李鸿章死去，袁世凯掌握北洋大权。为了打击政敌盛宣怀，夺得招商局控制权，袁世凯召回徐润，5 年后他被提拔为招商局代理总办，然而因为盛宣怀在局内时百般掣肘，袁世凯很快也对徐润改变态度。1907 年以莫须有的罪名解除徐润职务，徐润又一次成为官场倾轧的牺牲品。

在离开招商局后。徐润将曾连年亏损的景伦纺织厂改为独资经营，2 年后盈利颇丰，利润剧增，景伦厂成为上海滩一家较有影响的衫袜大厂，1911 年徐润在上海去世。

（文/文　舟）

人物提示:

徐润（1838—1911），原名以璋，号雨之，别号愚斋，广东香山（今中山）人，1904年任上海商务总会协理，1906年任上海商务总会议董。

商场得意、官场失意的孙多森

孙多森

孙多森，字荫庭，1867 年 1 月 23 日生，安徽寿州（今寿县）人。他的父亲孙传樾，曾任李鸿章幕僚，后转任江苏记名道，在南京任洋务局总办。舅父李经楚是清政府邮传部右侍郎。孙家在长江一带经营盐务，家资巨万，富甲一方。1885 年孙多森中秀才，继为贡生，捐得候补同知官衔。1893 年他的父亲去世，越三年，母亲也相继病故。兄弟多人在其叔父孙传榤的支持下，决定用家财开办实业。

初始，鉴于面粉业有利可图，且制造较易，孙多森派遣他家的当差宁钰亭去上海筹办面粉厂。经过两年的准备，1898 年 2 月与其兄孙多鑫共同出面，在上海创办阜丰面粉公司，是为国内华商第一家机制面粉厂。阜丰面粉公司资本规模为银 30 万两，获清政府准免税款，向美国购买机器，总公司设上海北京东路，于莫干山路建筑厂房。1900 年建成投产，日产面粉 2500 包（500 桶）。孙多森任总经理，孙多鑫任协理。

1901 年，孙多森升候补道，任上海电报局帮办。

“阜丰”开办后营业颇有起色，1904 年扩建厂房，增置机器。次年，国内发生抵制美货爱国运动，同时因日俄战争后东北三省面粉销路很好，阜丰厂日产量增至 7000 余包，获利甚大。是年，孙多鑫投直隶总督袁世凯幕下任职，两厂经营事务全入孙多森之手。

1905 年，孙多森为上海商务总会议董，1906 年，当选上海商务总会协理（副会长）。

孙多鑫在直隶同周学熙一起替袁经办启新洋灰公司、直隶滦州矿务局和天津造币厂等企业，并投资于启新洋灰公司。1907 年春，孙多鑫病故，袁世凯召孙多森去天津接替孙多鑫的职务。孙多森抵津后，与周学熙共同经营启新洋灰公司和滦州矿务局，担任两公司协理。次年，周学熙在北京创办自来水公司，孙多森任该公司协理。1909 年，直隶全省工艺总局成立，他任总办，并兼南洋劝业协赞会会董。其后直隶总督杨士骧指派孙多森会同周学熙组织直隶出品协会任协理，在天津劝工陈列所举办劝业会。1910 年 4 月，孙多森任直隶劝业道，启新洋灰公司和滦州矿务公司协理职改由其叔父孙传樾接任。不久，他遭到直隶省咨议局的弹劾，被人指为“庸人”，遂辞劝业道职，仍然返任启新洋灰公司和直隶滦州矿务公司协理。

1911 年 10 月，辛亥革命爆发。12 月，孙多森任清廷内阁和议代表，随总代表唐绍仪赴上海议和。次年 1 月，南京临时政府成立后，袁世凯策动唐绍仪辞职，他便回到了天津。5 月，被派往安徽任实业司司长，未及一月被免职。9 月，周学熙于北洋政府财政部内设国家银行事务所，派金邦平为总办，孙多森任会办。12 月，周学熙又邀他筹办中国银行，继项骧（财政部参事）任筹备主任。孙多森鉴于中国银行袭用的大清银行的旧式钱庄管理方法甚为陈旧，即提出改革意见：增设分行十九处；派人前往日本考察银行业务；主张以在政界有声望的官僚任各省分行负责人，而以熟悉银行业务的留学生任副职；派员在各省调查商情，并设置金库及高等银行学堂等，很想办好中国银行。

1913 年 4 月，孙多森被任命为中国银行总裁。他修订中国银行条例三十条，取得参议院的通过，由财政部公布施行。其要点是：（一）中国银行为股份有限公司；（二）资本总额六千万元，先招商股一千万元，由政府先缴官股三分之一开业；（三）经理国库及公债，代政府发行货币；（四）经营买卖金银及各国货币；等等。5 月，财政总长周学熙下台，交通系头子梁士诒任财政次长代理部务，随即下手夺取中国银行大权。6 月，孙多森被解除总裁职务。是月 30 日，袁世凯下令革除革命党人柏文蔚安徽都督兼民政长职，以“皖人治皖”名义，改派孙多森为安徽都督兼民政长。7月4日，他由南京乘“建威”号军舰前往安庆接任。孙多森上任后，即遭到安徽省议会议员的反对。12日至14日，国民党人李烈钧、黄兴及陈其美等分别在江西、南京、上海发动反袁斗争。15日，安徽驻军胡万泰（旅长）在安庆响应，发动安徽公民会及省议会要求孙多森辞都督职（仍任民政长），拥柏文蔚复任都督兼临淮关总司令。16日，孙急电袁世凯及陆军部，请求调派第八师即日拔营前来援救，并电请倪嗣冲出任皖北司令。17日，安徽宣告独立，他被胡万泰软禁于都督府，胡并欲加杀害。后经柏文蔚函胡万泰从中说项（柏在辛亥革命前曾任孙的堂兄孙多枚家的家庭教师），谓“孙多森并无实力，杀之无足轻重，如果释之，还将取信于天下”。胡遂将孙释放，专轮押送南京。25日，孙多森在南京发出通电，声称他将赴上海就医。27日，袁世凯下令免孙本兼各职，次日，他在上海发电声明，谓：自“九江兵变，南京响应，安庆陷入危地”，在此环境压迫下，为了“权宜暂维秩序，环迫宣布独立”。“自十六日起凡有安徽民政长印信及孙多森私印各项文件，均非出自多森，多森不负责任”。其后，孙多森经海路至北京，向袁说明安庆事变真相，取得袁的谅解。8月3日，袁世凯宣布程德全和孙多森并未参加“叛事”，随之派他为赴日实业调查专使。孙多森前往日本考察数月回国，于1914年5月与王克敏、陆宗舆、曹汝霖、杨士琪、李士伟及日人中岛九万吉、仓知铁吉、尾琦敬义等，在北京发起组织中日实业股份有限公司。6月，经农商部批准开业，资本为500万日元，中日各半，于东京设本店，北京设总营业所，上海设分所，孙多森任总裁。

1914年5月，袁世凯停止政治会议另组参政院，特任黎元洪兼参政院长，孙多森被任参政。是年周学熙再任财政总长，厘定农工银行条例，设立全国农工银行筹备处，孙被派为筹备员。10月，袁世凯拨官款60万元在北京创办通惠实业特种公司，以孙多森和周学熙为筹办人，列名发起者还有袁克文、张镇芳、李士伟、梁士诒等30人，资本定额500万元，招商股90万元，实收150万元，由孙多森任议长（一说任临时总裁），财政部委派林保恒为官股代表，任协理职务。通惠实业公司经办银行、仓库、保险及其他农工实业，于15日正式开业，在北京设总公司，上海、汉口设分公司。继后，该公司以资本6万元并招商股14万元，在烟台创办通益精盐公司；集股30万元于河南新乡开办通丰面粉厂；并创办天津通孚堆栈及上海沪丰堆栈、协孚地产公司等企业。

1916年4月，孙多森筹办中孚银行，作为其企业的金融机关，由通惠实业公司投资60万元，招商股42万元，资本定额200万元，实收102万元，于11月开业。中孚银行设总行于天津，经营信托、储蓄、汇兑、押汇、贴现及金银买卖等业务，孙自任总经理，聂其炜任协理。次年3月，该行在北京（初设分号）、汉口（初设通汇处）、上海设分行；继后又与广东银行、中国银行定约，于镇江、扬州、徐州、南京、无锡、苏州、广州、香港、绍兴、宁波、杭州等地设立特约通汇处。1918年中孚银行开办国外汇兑，通过美国花旗银行和运通银行、日本第百银行代办国外汇兑，为我国第一家特许经营外汇的商业银行。

1917年6月，孙多森再次被任命为中国银行总裁，但因张勋复辟未能就职，7月21日即被免去。

1919年，“阜丰”增资至70万银两，改组为股份有限公司，在“五四”运动抵制外货时期又得到了发展。同年，孙多森派出通惠实业公司人员，前往东北筹办通森采木公司，筹备尚未取得眉目。7月6日，他患糖尿病病故于天津。

（文/赵 军）

人物提示：

孙多森（1867—1919），字荫庭，安徽寿州（今寿县）人。1905年为上海商务总会议董，1906年当选上海商务总会协理（副会长）。

周金箴是哪年去世的

周金箴

从1902年2月发起组建上海商业会议公所，到1915年10月在上海总商会总理任上擢升为沪海道尹，周金箴前后13年任职于上海商会，且中华全国商会联合会成立之时当选正会长。他是近代中国商会的发起人和创办者，也是近代中国商会最初的实践者。

记载周金箴生平的材料不多，少数早期刊物、书籍除记载周金箴所任职务、籍贯、年龄外，完整地记录周金箴生平几乎是空白。20世纪90年代，上海市工商联接受市地方志主管部门任务编写《上海工商社团志》时，曾经收集过周金箴的史料，限于资料当时仅写了一段几行字的条目，很单薄。可是，这个条目至今仍然是各大网站的首选。

周金箴，名晋镳，字金箴，以字行，浙江慈溪人。周金箴出生于约1847年，这是根据1908年《上海商务总会备选戊申年议董台衔录》所记录他61岁推算而来的。再按照上海商务总会以及改组后的上海总商会历年《会员同人录》资料测算，周金箴的出生大致在1846年至1847年这个时间段，误差在一年之间。江浙两地人士一般以虚岁报自己年龄为多，所以判断他的出生是1847年。因为周金箴生年是推算而得的，因此他具体出生日期便无法得知了。

周金箴去世时间是1923年3月10日，农历正月二十三日。《申报》1923年3月11日第14版发布一条“周金箴逝世”的消息，称：“前全国商会联合会正会长暨前上海总商会会长周金箴君，于昨晚七时半逝世。”所以周金箴逝世时间很明确，是1923年3月10日。周金箴逝世的消息刊登在上海的报纸上，他去世的地点应该在上海。简言之，周金箴生卒年一般可以这样表述：1847年？—1923年3月10日。

“周氏出生于儒家”，这是一份日文资料《清末民初中国官绅人名录》“周金箴”条目所记载的内容。这份资料同时也写了周金箴“青年时立志实业，经常往来于上海宁波之间”。

在《清代官员履历档案全编》一书的“周金箴”条目，讲他是“监生”。同时也说他“由海防先知县光绪十五年十一月到班，系远省改归近省即用。十六年正月补议，十五年十二月分签掣江西建昌府广昌县知县缺”。1889年周金箴得到江西建昌府广昌县知县职，1890年就职，时年44岁。周金箴中年出仕，有3—4年的时间。周金箴请辞后，“清廷降旨，以道员擢用。”① 在《上海商业会议公所成员情况一览》表上，见周金箴是花翎二品顶戴指分江苏试用道。

上海商业会议公所发起是1901年至1902年之间，周金箴是“力为提倡规划，迨总会成立，以君为坐办兼会董”。“坐办”相当于现在秘书长的职位，商会的“坐办”即商会的秘书长，如果说，严筱舫是“中国商会第一人”，那么周金箴则是上海商会最早的“坐办”，也是中国商会的第一个秘书长。

在上海商务总会这八年七任中，周金箴一次当选协理，三次当选总理。第一任光绪三十年四月周金箴当选协理，第四任光绪三十三年十月、第五任宣统元年二月、第六任宣统二年正月连当三任总理。早期商会的总理相当于会长，协理相当于副会长。也就是说周金箴担任三届会长，一届副会长。按照商会章程规定，总理须经过议董推选，以得票数多寡当选。周金箴连续三次得票第一，之所以能够得最高票，很大程度取决于他的人缘，取决于他熟悉衙门的办事规则，又熟悉商界的情况，了解商界在做什么，

① 《周金箴逝世》，《申报》1923年3月11日。

有何困难，帮着解决。官府认可、商界认同，可见周金箴在政界的影响和商界的地位。

1912年，中华民国临时政府成立。上海商务总会和上海商业公所两个商会合组为上海总商会，并且公开登报。2月29日起连续数天，《申报》等各大报刊登载了“上海总商会第一广告”，称“民军起义，上海光复，原有之商务总会系旧商部所委任，理应取消，商界又重新组织临时商务公所。现在民国大定，政治统一，应即规定办法，于2月27日邀集各商董会议，公定名称为上海总商会，以昭统一”。上海总商会正式宣告成立。同年4月召开的上海总商会换任选举中，周金箴再次当选总理，过了一年，1915年的10月，已是68岁的周金箴再次“出仕”，升任沪海道尹，不得不辞去总理职，取而代之是宁波籍的另一位绅商朱葆三继任总理。

（文/王昌范，原载《上海总商会的宁波人》）

人物提示：

周金箴（1847？—1923），名晋镳，字金箴，浙江慈溪人。1902年上海商业会议公所副总理。1904年上海商务总会协理。1907年、1909年、1910年上海商务总会总理。1912年、1914年上海总商会总理，1915年10月离任，升任沪海道尹。

关于朱葆三的点滴

1960年上海市工商联史料室邀请陈朵如、陈汉雯、陆书臣先生回忆朱葆三人物，他们讲了这样几个小故事。

朱葆三

陈朵如回忆：浙江的“大清浙江银行”，辛亥革命后改称“中华民国浙江银行”，李馥荪和我在日本留学，应浙江都督府电召回国，代表都督府办理接受。民元时，浙行总经理是朱葆三，协理是朱蘅斋和我。

朱葆三之被任为浙江银行总经理，除了由于朱是辛亥革命之参加者外，还因为浙江都督府财政总长高尔登（高子白之子）与他熟识，知道朱葆三在上海有点地位有点面子，所以借重他。总经理在上海办公，但朱葆三不大来银行；他的大本营是慎裕号。每天九点前朱就到号中，宾客常满。我逢到有银行事要找他，也总去慎裕号。

陈汉雯回忆：朱佩珍（葆三）是浙江定海人，清捐班道衔，旅沪六十余年，在旅沪六十周纪念时上海商界开过庆祝大会。

出身大五金业，自设慎裕五金号，在四马路东段（今福州路），兼做平和洋行买办，曾与傅筱庵合伙开设祥大源五金号。

朱葆三热心公益，提倡慈善事业，见义勇为，所办善举不计其数。他与沈仲礼、王一亭等办华洋义赈会、中国红十字会、妇孺救济会等事业，每遇水灾旱荒他为之奔走，设法向清政府及上海当地富绅筹款赈济，一面支援各灾区办理放赈。

朱葆三与前清上海道袁海观甚莫逆又与道库总会计顾晴川（顾维钧之

父）颇知己，关于道库现银安排经济计划，他参与其间，相当于顾问。

朱葆三与沪商周金箴、苏葆生、邵琴涛、李云书、王一亭等相交深厚，曾任上海商务总会总理，当时租界洋人恶势力横行，捕房对中国商人随便可以拘捕。朱葆三曾向领事团抗议要求保障人权，凡是商会全体的体面商人非经过总商会同意，捕房不得擅自捕人。这件事颇得各方面好评。

辛亥革命起义，朱葆三曾任沪军都督府上海财政司（长），对劝募公债、创立银行、发行军用钞票及军用饷糈等事颇出力。

陆书臣回忆：袁海观做上海道的时候，朱葆三同顾晴川，都在道台衙门当账房。那时候，关税均解道库，所以朱葆三等人权力不小。

朱葆三替许多人做了保，有的是口头保，有的是出面保。有一次被保人出了毛病，朱须履行保证责任赔钱，数目虽只几千两，但这数目在当时已属相当之大。朱葆三正在犯难，顾晴川替他出主意，邀集所有被保人，声明这次赔了后一律退保。被保人恐慌，愿意各人凑钱，集少成多，交朱葆三作赔偿款项，并说好以后被保人中有人出毛病，大家仍然用这个办法共同担负赔偿。

（文/陈朵如、陈汉雯、陆书臣，原载《上海总商会的宁波人》）

人物提示：

朱葆三（1848—1926），名佩珍，字葆三，浙江定海人。1902年上海商业会议公所议董、议员。1905年，上海商务总会协理。1912年上海总商会议董，1914年上海总商会协理，1916年、1918年连任上海总商会会长。

我的父亲严子均及其家庭

我的祖父严信厚，字筱舫，生于浙江省宁波郊区的一个小村庄。在17岁那年他离开家乡去上海的一家钱庄做学徒，后来被一位有权有势的官员推荐给李鸿章（做幕僚）。他年纪轻轻就已经崭露头角，出任重要的官职，包括河南省长芦盐务督销以及海关专员。他的职责使他奔波于北京、上海、关东、福建和宁波等地，也使得他在各地都有房产，后来他考虑到上海是国际性大都市和通商的便利，决定定居在那里。祖父在天津宽敞的房子被用作长芦盐务的办公地点。

严子均

祖父除了担任行政职务外，兴趣基本在工商业。1896年，他在宁波建立了通久源纱厂。1905年，又在上海创建了同利麻袋厂。他同时还在上海和宁波经营着几家面粉厂和榨油厂。他是国内首先在工厂内引进现代化机械的人之一。为了便于在省际调动资金，他创办了源丰润银号，并在各地建有分号。他还在上海开设了颇具声誉的绸布店——老九章绸缎庄，并在天津设有分店。他在天津还开设了物华楼金店，经销珠宝金银首饰。

祖父是一个睿智宽厚并且热心公益的人。在重要的政府项目如天津塘沽铁路（1883）和宁波铁路的修建中，他都捐助巨款。他在家乡慈溪县郊外购置了一大块农田（义田），建造了一幢两层楼的房屋（义庄），设有专供访客居住的房间，有举行家族祭祖仪式的祠堂和一个经理办公室。经理主要负责监督（房屋周围的）农田耕作以及在饥荒时将粮食平均分配给严氏宗族的所有人。这个房子还包括一个供孩子们免费读书的私塾和一个免费供所有村民接种预防天花的牛痘局。

祖父不但爱好收藏名家书画，自己也是一名画家，工于芦雁和野鸭。他收藏的各种画卷有四个皮箱之多。

1901 年，考虑到中国还没有组织商会，我祖父受命组建上海商业会议公所并连续三年担任总理一职，成为上海总商会的先驱。清政府任命他为第一届总理。

太平天国期间，我祖父参加了政府军队并负责转运饷械。后来，因山西、湖南发生饥荒而往来于津沪之间筹办赈济。李鸿章保荐他为候补道，赏戴花翎，加知府衔。在他 69 岁离世前，他已官至直隶候补道。在他逝世后，慈禧太后和皇帝赐匾旌功并敕令立碑纪念。

祖父去世后，我父亲，严义彬，字子均，在继承遗产的同时遵照祖父嘱托将一部分遗产捐献给慈善事业。父亲还在故乡扩建了最初由祖父捐赠的严氏家宅。他捐助兰雅谷为院长的宁波教会医院的发展。在天津，他甚至捐献了一块地皮用于建造天主教慈善救济院。

我的父亲是祖父的独子，于 1872 年 2 月 19 日出生在上海。他有两个妹妹，大妹嫁给天津名门第三子吴熙元，小妹嫁给居住在上海的海宁籍官宦之后朱培卿。

父亲结过两次婚。第一任妻子张氏为他生育了两个儿子和三个女儿。其中，两个年龄较长的女孩在她们 10 多岁时就去世了。三女嫁给了民国时期的一位画家。长兄智多先后有两位妻子，第一任妻子刘氏为他生育了两男两女，第二任妻子也生育了两男两女。二哥智珠受教于英国，在曼彻斯特大学纺织系毕业，是一位纺织工程师，他的妻子许氏为他生育了两男两女，他们都已成婚现居纽约。

我的母亲杨氏有九个孩子，六女三男，其中两个女孩在很小的时候就已去世。我是她最大的孩子，四女严彩韵（英文名 Daisy），生于 1902 年。然后是 1903 年出生的五妹莲韵（英文名 Lily）和 1905 年出生的六妹幼韵（英文名 Juliana）。在五个女儿之后是期待已久的三弟智桐于 1909 年出生，接着是 1911 年出生的小妹严华韵（英文名 Susan）、1917 年出生的四弟智实和 1921 年出生的幼弟智寿。

父亲是一个为人和善、慷慨大方且精明干练的人。他特别擅长书法，可以用各种时髦的艺术体写出 26 个英文字母，他的英文知识也十分扎实。

我拥有许多关于父亲的美好回忆。他很顾家，也很喜欢与孩子们在一起。记得某一个除夕夜，按照习俗许多商店都通宵营业，父亲就带着所有的孩子乘着马车，带我们逛玩具店和糕点店。逛完，我们带着许多可爱的玩具和可口的点心回家。

据说父亲最喜欢的孩子就是我。他总是支持我所做的一切。如果不是出远门，他总是喜欢带上我。我 4 岁的一天，他让我陪他和堂叔教育家严范孙（严修）出行购物。当我们到达一家特许专卖店后，我发现橱窗上贴着一张用大大的中国字书写的红纸。我问父亲那是什么。父亲告诉我这家店这正打折出售商品，所有货物都可以原价的九折购买。我想知道九折是什么意思。父亲以手指比画着九折的意思，九折就是从一元钱里扣去一角，或者说是从一角钱中扣除一分钱。我明白了，跟着他们四处转悠，询问他们挑选的每件商品的价格。店员在收银台后忙于打算盘结账时，我迅速告知父亲他应该支付的价格。当收银员报出相同的总价时，在场的大人非常惊讶。堂叔严范孙脱口而出："这是我们家的千里马"（这是赞誉有发展潜质的年轻人）。以后几年中，我得益于堂叔的教诲。

父亲经常在天津的住处设宴款待宾客。登门拜访的亲友总是被留下用晚餐。有时学者来访，父亲就会让我一起入席聆听他们的学术讨论。尽管大多数言谈已经超越了一个 12 岁小女孩的理解力，但我还是安静地坐在那里，专心致志地接收着震撼心扉的名言警句。

在天津度过的岁月中，父亲带我去他喜欢的德国熟食铺买香肠和其他美味佳肴。他也喜欢带着全家去天津著名的德国餐馆起士林，这家店专供精致的冰激凌、西点和各种美食。1917 年 6 月 12 日，我从中西女校毕业的那天，恰好是我 15 岁生日。卫斯理教堂举行的毕业典礼结束后，父亲和我一起请了我的4位同班同学、几位老师去起士林用晚餐。我们在餐馆的屋顶花园度过了愉快的夜晚，令所有人难忘。

父亲虽有官衔但是一个商人，他是许多企业的董事或董事长，这些企业包括轮船招商局、上海总商会、上海自来水有限公司、上海药房[①]、四明银行等等。1909年，他担任了上海龙章机器造纸公司的协理。我记得四五岁的某天，我参观了用机器造纸的演示，至今令我印象深刻。父亲在名义上是清朝农工商部的官员（员外郎），但实际上他并不参与政务活动。

在1911年辛亥革命前夕，父亲遭遇了不幸的事情。在他继承祖父庞大的商业帝国的初期，正值中国社会面临转型的混乱不安与动荡，这也导致了一系列他名下的钱庄票号相继倒闭，甚至使他几近破产。他花费了数年时间，凭借自身不屈不挠的毅力和卓越的管理能力东山再起。在厘清账务和还清债务之后，他又加倍投入到扩充商业版图的事业中去了。

我父亲于1930年6月23日上海家中逝世，年仅58岁。但他慷慨的个性和慈爱的品质仍旧指引着我的人生，他依然活在我的心中。

我的母亲于1879年11月23日出生在安徽省。由于外祖父年轻时就死于义和团运动，我母亲和外祖母及舅舅漂泊到苏州安了家，后来才去了上海。母亲闺名叫杨俪芬。她十分喜爱古典小说，经常在枕边放一卷小说以备晚上阅读。她也爱诗词，我还记得她背诵“唐诗三百首”中的一些名篇。她是贤妻良母，也是孝顺的媳妇，对家中因瘫痪而卧床不起的奶奶照顾得无微不至，直到奶奶去世为止。

母亲是一个美丽、文静又敏锐的女性。她不喜欢社交。她小圈子里的密友都是她打麻将的牌友和互相走访的人。有位王家姆妈时常带着比我大2岁的女儿，来看望我们。这个女孩是我忠实的玩伴，也是我小学同班同学。有时候，她会跟我一起放学回家，一起用点心，一起做作业。她常常

---

① 根据《近代中国华洋机构译名手册》（孙修福编，团结出版社，1992年版，第284页），“Shanghai Dispensary”译为上海华英颂记大药房，译者此处翻译根据《上海医药志》。

打断我做作业，向我求助如何解答算术题。有次，我向母亲抱怨。于是，母亲平静地告诉我，帮助人要耐心要有诚意，应当高兴自己能够帮助别人。这些话语始终萦绕在我耳边。

母亲偶尔出门旅行时会带上我。在我五六岁时的一个春天，母亲和几位亲友和小孩去杭州。为便于参加为已故亲友超度的佛教仪式，我们住在名寺灵隐寺的客房内，约有一周时间。一天早上，某个比我大三四岁的友人之子，本应来告知我们仪式的确切流程，却由于走错路没有及时回复。后来母亲派我去询问具体信息。我跑到大殿时，仪式正将进行，询问了主持仪式的僧侣关于时间安排后，我回禀了母亲。母亲评价说我做事尽责，大家也都称赞我。这件小事令我印象深刻，它告诉我无论事情多琐碎多细小也应该尽职尽责。

我母亲有许多业余爱好。我童年时，她喜欢养蚕。我们上海的家中有成打的大竹盘堆放着，每一个竹盘都可放置上百条蚕宝宝，有几个女仆忙于照顾它们。搬到天津后，母亲爱上养金鱼。几十个直径两英尺左右的大瓷缸盛放着各种各样的金鱼，占据了若干庭院。家里雇了一名师傅常年照看这些金鱼。母亲和所有女人一样，喜欢由钻石、珍珠、翡翠玉石和其他名贵宝石所镶嵌的各种首饰。

虽然我的父母生活保守，但他们观念新，在子女的教育问题上相信现代教育理念，男女平等。我是家中第一个被送入教会学校读书的孩子，这所学校以教学有方、纪律严明著称。1908 年，我进入中西女塾就读，在这所学校接受了 4 年的小学教育。我家搬迁到天津后，父亲聘请了 2 名家庭教师在家教我们兄弟姐妹，让大家学习北方话。一年后，莲韵和我进入（天津）中西女中读书，我于 1917 年毕业，莲韵则是 1920 年毕业。幼韵也是中西女中的毕业生，但是华韵没有完成学业就早早地结婚了。我的兄弟们并不都是学者。父亲送智桐去英国学习了好几年的纺织技术。智实和智寿都是在上海的银行工作期间学会银行业务的。

中西女校毕业后，我去了南京的金陵女大继续读书并于 1921 年获得学士学位。父亲又送我赴美国继续学业，一年后，我从美国史密斯女子学院毕业。同时我还读了哥伦比亚大学的暑假学校，于 1922 年秋天进入哥伦比亚大学就读，在 1923 年 6 月获得了硕士学位。莲韵跟随着我的步伐，于 1924 年自金陵女大毕业。但幼韵选择去上海，就读男女同校的（沪江）大学。

（严彩韵文，章斯睿译，原载《上海总商会的宁波人》）

人物提示：

严子均（1872—1930），字义彬，浙江慈溪人。1907 年上海商务总会议董，1909 年上海商务总会协理，1924 年上海总商会特别会董，1925 年为上海总商会会董。

李云书事略

李云书

李云书出身镇海大族，初（14 岁）在慎裕钱庄习业，后创设元兴号、鼎新号经营花纱。鼎新号以王一亭为经理，约两年结束。设天余号，曾任交通银行上海分行总办，并受邮传部命，筹办交通银行营口分行，同时继承遗业，经营久大号、慎记号和慎余、立余钱庄。在宣统二年（庚戌，即 1910 年）发生橡皮风潮，上海银钱业纷纷倒闭的时候，该两庄虽曾勉力支持，然已实力亏耗。

李云书感于当时沙船业、钱业日趋衰落，决心从事振兴实业，在锦州创办天一垦务公司，就清廷上驷院牧马处，从事垦牧，又在黑龙江经营三大公司，并向海参崴定购美国农具公司的拖拉机。由于该项拖拉机需以火油发动，成本高昂，大受亏折，后来恳牧公司的田交还售给农民，到“九一八”伪“满洲国”成立时这项工作全部结束。

同时，李云书对在上海继续办钱庄，认为前途难以发展，乃筹备以资本 1000 万元创设华商银行，向国外华侨招股，遣其弟李徵五赴南洋，结果未能实现。乃以祖业李诵清堂经营地产，自建住宅于陕西北路新闸路，与徐润结清其所欠钱庄款项，而购其地产，当时该处路有李诵清堂路（今陕西北路北段）并在乌鲁木齐路由地丰地产公司购进土地，自筑地丰路（今乌鲁木齐北路）。

此外，李云书曾兼任加拿大人华田所设的永年人寿保险公司的华籍董事，中易信托公司理事，物品交易所理事。

晚年，李云书茹素信佛，信星相、算命术，到 50 岁就辞去一切职务，与友合办功德林、觉林。

李云书有几件事被后人记得：

一是追回华工，在1900年前后，南洋和拉丁美洲一带，在华诱骗华工（当时俗称猪仔）运往国外，奴役备至。李云书与李徵五在上海、宁波力阻载有该项华工的轮船出口，对于已经出口的轮船也电告福建省把这批被骗华工追回。

二是收回路权，李云书曾与浙江都督汤寿潜为向外商购回沪杭铁路收回主权竭力促成。

三是兴办学校，李云书曾在镇海办泆浦学校，在宁波创办益智学校，聘曹云祥为校长（曹后来任清华大学校长），又办半日学校于镇海，采取半工半读方法。对于子弟竭力支持其出洋求学，尤以向德国学习技术，为最高向往，其子祖年20岁即留学国外，由于李云书的倡导，子侄大都留学英美德日，凡子侄出国时李云书嘱其切不可学军事法律，必须以学习技术为主。

李云书任上海商务总会总理（1906—1907）、协理（1907—1909）期间，他所经营的企业正值由商业转向实业，在上海商务总会任内，他曾为会审公堂因民刑案件审理商人的传讯手续，与领事及公堂交涉，对商会会董由商务总会保证，免予拘押候讯。

李云书继承父业，经营沙船业，做东北营口一带与上海的贸易，著有信用，曾应袁子庄要求，担保袁在日本神户担任俄道胜银行神户分行买办，其担保金额为6万两，后该行委袁兼大阪横滨分行买办，亏负达数十万两，该行在长崎起诉，要保人全部赔偿30万两，李云书往会审公堂商诸英籍律师丹文，适丹文赴伦敦，由其助手研究，认为李云书责任限于原保额6万两，李云书正拟以6万两赔偿，时丹文回沪，认为李云书可分文不负赔偿责任，其理由是李云书所作保是认为袁的经营范围只能在6万两以内，而该行超过其经营能力，使其担负几个分行买办，未经通知保人，如果通知，李云书必即时退保，如果经营范围能力仍在6万两以内，则袁不致亏负。

李云书据此理由，竟获胜诉。

李云书与王一亭曾在幼年同事于慎余钱庄，李云书创办鼎新号经营花纱时，以王一亭为经理，后来日商日清轮船公司拟聘李云书为该公司上海分公司买办，李云书遂介绍王一亭充任。

（文 / 李祖范、李祖圣，原载《上海总商会的宁波人》）

人物提示：

李厚祐（1867—1935），字云书，浙江镇海人。1902 年上海商业会议公所议员，1906 年上海商务总会总理，1907 年上海商务总会协理。1912 年上海总商会议董，1916 年上海总商会会董，1924 年上海总商会特别会董。

王一亭结缘爱因斯坦

王一亭是上海慈善界领袖、书画艺术巨擘，还是著名工商实业家，曾担任过上海总商会总理；爱因斯坦是举世闻名的伟大科学家，他对神秘的东方文化有浓厚的兴趣，向往能到东方旅行。20 世纪 20 年代，王一亭与爱因斯坦在东方大都市上海相会，彼此都留下了深刻的印象。

1922 年，爱因斯坦应日本改造社邀请赴日讲学。按照航程，爱因斯坦和夫人艾尔莎搭乘的“北野丸”号邮轮将于 11 月 12 日抵达上海，14 日离开。改造社代表稻垣守克专程到上海迎接，并负责安排爱因斯坦夫妇在上海两天的活动。

1922 年 11 月 13 日王一亭（前排右二）、爱因斯坦（前排右四）等人在梓园合影

由于王一亭交际广泛，在上海各界享有极高的声誉，他还当过日清汽船株式会社买办并兼大阪商船会社买办，在日本人中也有良好的口碑，因而稻垣联系了王一亭，商议爱因斯坦夫妇在上海的日程安排。

当时上海总商会商品陈列所正在举办全国蚕茧丝绸展览，展品达1000余种。中国丝绸轻柔华美，深受欧洲人喜爱，被誉为“天堂服装”。因此安排爱因斯坦夫妇参观商品陈列所，并在王一亭宅第梓园设宴款待。梓园位于南市老城厢（今乔家路113号），高墙环绕，内有假山和池塘，还有佛阁，主建筑为中西合璧式样。

因途中延误，“北野丸”号13日上午才抵达上海，只停留一天。爱因斯坦在上海的活动被大幅缩减，参观商品陈列所也取消了。

当天下午6时半，爱因斯坦、稻垣一行驱车来到梓园。爱因斯坦等人参观了梓园各室，王一亭向客人展示了珍藏的金石书画等文物，爱因斯坦大为赞赏。爱因斯坦注意到墙上一幅王一亭自画像，认为是“非常漂亮、笔力遒劲的自画像”。

众人来到假山东侧立德堂前，由时新照相馆拍摄合影照。王一亭后来亲笔在照片上题字赠送爱因斯坦夫妇。值得一提的是，当时爱因斯坦的中文译名尚未统一，《申报》《民国日报》《时报》等称其为“恩斯坦”或“安斯坦”，而王一亭明确书写为“爱因斯坦”。

宴会在立德堂大厅举行。参加宴会的还有上海大学校长于右任、同济医工专门学校教授菲斯特、浙江法政专门学校教务长应时、北京大学教授张君谋、大阪《每日新闻》记者村田孜郎、《中华新报》总编辑张季鸾和记者曹谷冰、基督教青年会的前田等。宾主围坐两桌，用德语、法语、汉语、日语交谈，气氛热烈。

于右任、张君谋先后致欢迎词。应时11岁的女儿蕙德用流利的德语朗诵了歌德长诗《一个古老的故事》，又用法语朗诵《拉娇小春燕》，还唱德国歌曲《创立》，赢得阵阵喝彩。爱因斯坦答谢道：“今晚来此，非常愉快。一到中国，就看见许多美术精品，使我有深刻的印象，尤其佩服王一亭先生的作品。美术固然是个人作品，但由此可以相信将来中国科学一定能发达……在东京讲演后，很愿意能来中国讲演。”席间，大家多次请爱因斯坦谈相对论。爱因斯坦在海上颠簸一个多月，疲惫不堪，婉言谢绝了。

9时许散席，爱因斯坦夫妇再三感谢盛情款待，珍重告别而去。

爱因斯坦夫妇对晚宴的奢侈铺张有些不解。爱因斯坦记述，“没完没了的宴席上，尽是连欧洲人也难以想象的悖德的美味佳肴”，又认为油脂过多，恐不易消化。艾尔莎惊呼：“光是这些粮食就足够我吃一年的！”

这里折射出两种不同的生活观念——中国人一向热情好客，而且主要体现在餐桌上，饭菜越多越丰盛就越能体现主人的真诚。王一亭作为东道主，招待远道而来的客人，自然显现出大方和气派。欧洲人讲究实在，重视营养而反对铺陈，爱因斯坦在上海曾几次对“没完没了”地上菜表示惊讶。

王一亭虔信佛教，慈悲为怀，广结善缘；爱因斯坦认为，“一切宗教、艺术和科学都是同一株树的各个分枝，所有这些志向都是为着使人类的生活趋于高尚”。他俩在梓园的相会或许就是一种“缘分”吧。

（文/景智宇）

人物提示：

王一亭（1867—1938），名震，号白龙山人，浙江吴兴人。1912年当选上海总商会协理。1916年、1918年连任上海总商会会董，1924年任上海总商会特别会董。

傅筱庵贿选上海总商会会长

傅筱庵

傅筱庵是抗战时期投敌，出任伪上海市长的商界败类，因多处树敌，在1940年10月被自家的老仆用菜刀砍死。傅筱庵的劣迹早有显露，早在北洋政府时期就有贿选上海总商会会长丑闻。

1924年初，上海总商会会长宋汉章有倦意，为了避免任期届满，连选连任，特事先隐退商会会员身份，中国银行的代表名额改换别人。他认为，如此一来，则下届选举轮不到本人。他的这一打算给中国通商银行总经理、招商局总办傅筱庵知道了，他早就觊觎这一职位，得到这一消息，认为机不可失，便唆使心腹纷纷加入总商会。当时总商会会费很高，一般人缴不起。傅筱庵为他人代缴，在总商会培植自己的势力，增加选票数目。但上海工商界认为傅筱庵虽有地位，却过分接近官僚、奉承军阀，群起反对，并请宋汉章出山与之对抗。然而，傅筱庵处心积虑，非一尝商会会长的味道不可，依仗军阀、上海护军使何丰林的势力挽回颓势。何丰林也不过是从旁为他吹嘘，没有实质性的举动。宋、傅两派形成僵局。结果介于两者之间的虞洽卿当了这一届的会长。

吸取失败教训的傅筱庵继续在总商会布局，在1926年的换届选举中，他所安插的亲信当选会董的有23名，占全部当选会董（35名）的2/3。按规定，在当选的会董中再选举会长，不出所料，这次傅筱庵当上了会长。但是，仍然有一部分会董表示强烈不满，继续提出质疑，并在报上与拥傅派展开论战。此时的傅筱庵搭上了号称五省联军总司令孙传芳，他为孙传芳的军队提供军饷，用招商局的轮船为军队运输，左一声“总司令”，右一声“孙联帅”，把孙传芳伺候得妥妥帖帖。孙传芳自然高兴，投桃报李，两次出面致电干涉，认为上海总商会选举有效，才收歇了论战。傅筱庵坐上了上海总商会会长的宝座。

可是好景不长。1927年3月，北伐军东路军攻入上海，仅当了一年不到会长的傅筱庵见孙传芳大势已去，见风使舵，改投蒋介石、白崇禧，却讨了一个没趣。不久，国民党政治会议上海分会发布通缉令，称傅筱庵“以金钱供给敌饷，将轮船为逆运输，阻挠义师，确凿有据。而在国民革命军到沪时，阳示归顺，阴谋反动，不独投敌，实属反叛，不予严缉，无以昭垂炯戒”。得知自己被通缉后，傅筱庵龟缩在法租界寓所不敢动弹，请虞洽卿为他求情。虞洽卿在宁波同乡会召开临时会议，议决为傅筱庵声辩，请求取消通缉。上海县商会随后附和。“政治分会”碍于虞洽卿的面子，对宁波同乡会未置一词，但申斥了县商会，并通知公共租界和法租界临时法院出票拘拿傅筱庵。傅筱庵见风声日紧，设法逃离。他同法租界当局素有交往，夜晚从公馆逃离码头时，汽车窗户紧闭，由巡捕沿途保护。在森严的戒备下，携家眷及心腹逃往日军占领下的大连。

（文/王昌范，原载《世纪》2008年第4期）

人物提示：

傅筱庵（1872—1940），名宗耀，浙江镇海人。1902年上海商业会议公所议董。1912年、1914年、1916年、1918年、1922年、1924年上海总商会会董，1926年任上海总商会会长。

我所知道的傅筱庵

傅筱庵从宁波来上海，最初在英商耶松船厂浦东厂工作，后来兼任了华新保险公司经理，我也经叔父介绍由永吉茶栈调到华新保险公司任抄写员。傅筱庵离开华新保险公司是因为当了长利洋行经租处的买办。此后，傅筱庵巴结上了盛杏荪（宣怀），开始经办招商局的房地产部分。通商银行原经理谢纶辉去世后，傅筱庵就担任了通商银行房地产部经理，后为总经理。于是，他辞了长利洋行买办。

在北伐前，傅筱庵曾调拨招商局船只为孙传芳运兵。北伐胜利后，通缉傅筱庵，傅筱庵逃往大连。待大连回来，国民党已接收招商局，将招商局改为官办，委刘鸿生为总经理。后通商银行也改组，傅筱庵的总经理一职也易了别人。至此，傅筱庵在政商两界中已失去了地位。

为傅筱庵奔走于旧军阀之间的主要是王心贯、洪雁宾、厉树雄等几人，与法租界通关系的则是陆少莲。抗战初期，傅筱庵投敌任伪市长，牵线人是周文瑞。周文瑞是台湾银行买办，尽管傅筱庵的市长为期仅是几天，但周文瑞就是几天的财政科长。

傅筱庵，镇海人，早年在严筱舫处管理浦东栈房，后来碰上沈仲礼，便崭露头角，不久担任英商长利洋行买办。长利洋行是经营房地产业务的。再后他又担任过美兴洋行买办。傅筱庵进美兴是厉树雄介绍的。

傅筱庵与虞洽卿不同，虞洽卿做生意办过实业，傅筱庵倒是官僚派头，开口就是“混蛋”。

傅筱庵是安福系，奉直战争后，孙传芳曾下令要逮捕他，说他帮助奉系，后来由虞洽卿向孙传芳疏通，傅到南京向孙传芳请罪，并表示愿为孙传芳效劳，此后傅筱庵与孙传芳关系就密切起来，派招商局轮船替孙传芳运输军队军粮。后来蒋介石到上海也要通令捉他。他曾逃到日本去一个时期。

大约在1926年时，总商会会长改选，当时会长是虞洽卿，这年虞洽卿率团到日本去了。傅筱庵就乘机大肆活动，争夺会长。我当时是总商会会董，是反傅派。拥傅派的谢蘅牕与我也熟，谢蘅牕见我选票多，就向我游说，说傅筱庵在金融界有地位，傅筱庵出来做会长对会务有利。我回答他："我是投良心票的。"谢蘅牕的确替傅筱庵出了很多力。有一次总商会会董会议，谢蘅牕起立说："我为了支持商会，请大家支持傅筱庵。"闻兰亭听了不服，也起立，说反话："谢会董要大家选举傅筱庵是为了爱护总商会，我建议各位起立，向他三鞠躬致谢。"谢蘅牕替傅筱庵出力的原因是经济上要傅筱庵通商银行的支持。

改选结果傅筱庵任会长，袁履登任副会长。袁履登曾是谢蘅牕的英文秘书。反傅派的一些人就组织了一个正谊社，参加者有冯少山、霍守华、赵晋卿、石芝坤、沈燮臣等人，专门进行反傅的活动。

（文/傅其霖、沈燮臣，原载《上海总商会的宁波人》）

穆藕初有缘加入上海总商会

穆藕初1876年6月20日出生于上海。1902年上海商业会议公所时，穆藕初是江海关的一名办事员，他开始渐渐地了解商界有这样的组织，1904年他参加沪学会，参与沪学会声援由上海商务总会议董曾铸发起的反美爱国运动。对于商界这样的组织有了进一步的了解。1909年他赴美国，先后在威斯康星大学、伊利诺斯大学、得克萨斯农工专修学校学习农科、纺织和企业管理等，直到1914年回国。

穆藕初

穆藕初回国以后加入上海总商会，资料显示，1918年2月23日上海总商会第四期常会批准他以厚生纱厂代表名义入会，按照《上海总商会章程》第十二条规定："凡正当营业，无论合帮不合帮，各行号及个人愿入会者，须有会员二人介绍，并具入会信约及会员介绍书送会，经常会通过，予以入会证书。"穆藕初加入上海总商会的一位介绍人是孙衡甫。孙衡甫（遵法）浙江慈溪人，是上海总商会会董、四明银行总经理。另一位是郁屏翰（怀智）江苏上海人，郁屏翰也是上海总商会会董，执业敦裕洋布号。郁屏翰与穆藕初相识，主要是共同发起组织中华植棉改良社，开辟棉种试验场，自购美国棉籽试种，促进棉业改良。介绍穆藕初入会，郁屏翰的因素稍多，作用稍大。

穆藕初1918年加入上海总商会是第一次，第二次是在1925年4月25日，他再度以上海纱布交易所代表名义加入上海总商会，成为会员。穆藕初前一次入会为他担任上海总商会会董，进入核心层作了铺垫，后一次入会为他担任上海总商会执行委员，进入领导层作了准备。

上海总商会常会审议通过穆藕初入会后不久，1918 年 10 月 13 日的上海总商会会员选举大会，他当选为新一届会董。此任为第四任，任期为 1918 年 11 月—1920 年 8 月。当选会董，意味着进入上海总商会的核心层。接踵而来的便是一连串的兼职。1918 年 10 月 27 日经全体会员公举，穆藕初以 64 票当选上海总商会商事公断处职员。12 月 14 日在上海总商会第二十五期常会上穆藕初被推补为商务公断处职员。同年 11 月 4 日，经会员大会通过，穆藕初担任上海总商会商品陈列所会董。其他兼职也有，不一一列举。

除了兼任上海总商会所属机构的职务以外，他还需拨出时间参加上海总商会各种活动，如：1919 年 7 月 11 日，会董常会推举穆藕初等 7 位会董筹办会员大会。又如：1919 年 8 月 4 日下午三时召开全体会员大会。但这次会议因不足法定人数，有会董认为开会无效，故应散会。穆藕初表示："今日开大会，诸君（到会者）热心而来，颇非易事，且有紧要建议须通过，建议（将开会时间）延至四时。"与会者拍手赞同。在出席大会人数不足的情况下，又进一步提议将公决事项改为与会者讨论之事，谓"提议之事不必付表决，不妨讨论作研究之资料，以观本会会员之程度。"在穆藕初的建议下，部分与会会员集中在会客室自由交谈。再如：1919 年 8 月 23 日会董常会，推举穆藕初及聂云台两会董代表上海总商会参加美国海外商业协会周年大会。但穆藕初毕竟是有自己实业的人物，因营业原因而函辞。

1920 年上海总商会第五次会董选举大会，穆藕初仍然当选。此番选举，被认为是上海总商会新旧交替的一次大轮班。大陆报云："（上海总商会）选举为历史上之要事，因其表明旧派之失败也，新派选之董事中，有耶稣教徒、大实业家聂云台与留学美国办理棉厂数家之穆藕初等人。"此任为第五任，任期是 1920 年 9 月—1922 年 6 月。也就是说，穆藕初担任上海总商会会董是第四任、第五任连续 2 任，任期合为 4 年。

1924 年初，上海总商会爆出傅筱庵贿选的丑闻。时任会长的宋汉章对于频繁的会务有所倦意，为了避免任期届满，连选连任，特事先隐退。傅筱庵伺机拉票贿选。结果，不少会董不满，表示反对，傅没能当选，而介于宋、傅两者之间的虞洽卿当了这一届的会长。吸取失败教训的傅筱庵继续在总商会布局，在1926年的换任选举中，他所安插的亲信占35名会董的2/3，傅筱庵当上了会长。可是好景不长。1927年3月，北伐军东路军攻入上海，仅当了一年不到会长的傅筱庵见大势已去，见风使舵，改投蒋介石、白崇禧，想不到却讨了一个没趣。不久，国民党政治会议上海分会发布通缉傅筱庵命令，傅出逃。上海总商会改选。

1927年5月7日，奉国民党中央政治会议上海临时分会第八次会议命令改组总商会，经会员大会选举产生的临时委员会。穆藕初当选为这一届临时委员会委员，后经互选，穆藕初与冯少山、林康侯当选为执行委员，进入上海总商会的领导层，成为上海总商会的领袖人物。

此次选举因为（第八任）任期未满。因此称临时委员会。执行委员3人，常务委员7人和临时委员31人：穆藕初与冯少山、赵晋卿、吴蕴斋、石芝坤、林康候、陆凤竹同时又为常务委员；穆藕初等31人也为临时委员。同年11月《上海总商会暂行章程》施行，《上海总商会暂行章程》对于上海总商会领导机构称执行委员会。该章程第十二条：本会设执行委员会，以执行委员六十一人组织之，执行委员会并置候补执行委员三十人。第十三条：本会设常务委员会，以常务委员七人组织之。第十四条：本会设主席团，以主席委员三人组织之。也就是说，根据暂行章程，上海总商会领导机构称主席委员、常务委员、执行委员。主席委员3名，常务委员7名，执行委员61名。1928年春的执行委员选举中，穆藕初继续当选。他是61名执行委员之一。该次选举被认为是第九任。

（文/王昌范，原载《现代工商》2012年第12期）

人物提示：

穆藕初（1876—1943），名湘玥，江苏上海人。1918年上海总商会会董，1927年上海总商会临时委员会执行委员。

父亲穆藕初是个大龄“海归”

100多年前，父亲以34岁大龄赴美留学，因为没有正规中学学历，于是，赴美学习一年后，经考核才被认可入学资格。39岁那年他获得硕士学位后归国。由于他出国前已有10余年社会工作经历，使他的留学生涯颇具传奇色彩。他学农、学工，还学了科学管理。他从校内学到社会，从科技学到人文，每个假期都为他的另一种学习提供了机会，或去农家劳动生活、考察农场，或参观工厂，接触社会、了解民情，短短的几年，他的足迹遍及了美国的一半土地。归国前他还见到了“科学管理之父”泰罗，并与之进行学术交流。回国后他在筹建德大纱厂的同时，着手将泰罗《科管管理原理》原著翻译成中文。

父亲在归国后的7年时间里先后创办了德大纱厂、厚生纱厂以及郑州豫丰纱厂，这三个纱厂当时都是第一流的纱厂。他还创办上海中华劝工银行、上海华商纱布交易所和穆氏植棉场等，参与了创办中华职业教育社、上海位育小学、位育中学，他重视人才培养，个人资助10余名家境清贫但品学兼优的青年出国深造，开启了国内实业家提倡学术之先河。他还在大病后经济已不宽裕的情况下出资创办苏州“昆剧传习所”，拯救昆曲于危难之际。

在事业上，他是得益于科学管理原理的成功应用。例如，德大纱厂宝塔牌棉纱质量之佳不仅超过华商，还优于外商产品，获得了“上海纱厂之冠”的美誉；在1916年6月北京商品陈列所举办的棉纱产品质量比赛中名列第一，被誉为棉业大王。父亲因在棉业和商界的声誉曾两度应邀从政，其间还创办过《交易所周刊》，自任主编及发行人。

这只手钱还没拿到，那只手已经打算好怎么花了。

追忆父亲的一生，我感到他在如何花钱上下的功夫要比如何挣钱上多得多。

据我的大哥穆菁长回忆：1920 年夏天，他和三哥穆家骥一起在阳台上温课，忽然父亲走来问他俩：“我要以金钱助人出洋读书，你们意下如何？”他俩一时不知如何作答。父亲继而说，“你们将来自己会赚的”，言毕即离去。这里所说的助人出洋读书就是他把挣来的第一笔大钱交给北大蔡元培校长，委托他选拔 5 名品学兼优的男生出国深造，以造就国家栋梁之材。父亲的义举其实他脑海里已经酝酿很久。资助学生义举是基于父亲“人之唯一责任即为事当有益于人、有益于社会，终而至于国家，如是方无愧乎此生”的思想。

父亲事事讲求科学管理，如何使个人有限之财能投入到最有益于社会和国家呢？在 1920 年元旦与黄炎培、蒋梦麟、余日章等聚餐时，父亲表示：“询以钱财应如何使用，而于国家社会得最大之利益，佥谓宜用之于教育，余颇然其说。”我查对了一下年份，这正是父亲最大的投资项目郑州豫丰纱厂即将投产前的时刻，他预计到钱财将至，未雨绸缪，已经早早在做准备了。这印证了我母亲常说的话：“你爸经常是这只手钱还没拿到，那只手已经打算好怎么花了！”

更难之处在于他要以个人有限财力去应付社会无限之需求，难啊！家人都知道，父亲在纱厂办公期间公务之外的寻访者不少，公余找上家门来的求助者也常有。仅在父亲 1921 年秋的两个月期间，募捐、借款、谋就、请托的函件，形形色色数千件。父亲事后感悟说：“故用少数才力以治多事者，不如集多数才力以治一事。”我数点了一下，父亲的善举有：（一）为拯救昆曲创办并维持了昆剧传习所；（二）主持创办上海位育小学；（三）将为我祖母祝寿的礼金用于中华职业教育社建造大楼；（四）将亲友为父亲做六十岁生日的钱兴办一所为失学青年开启求学之门的函授学校，叫“穆氏文社”。父亲力所能及地把好事做得更有成效，直至寿终。

1943 年父亲因患癌症去世。当时内地以至沦陷区都先后报道了这一消息。重庆《新华日报》还专门发了短评，称这是我国民族工业的一个损失。在重庆追悼会上，冯玉祥致悼词：“穆先生是最爱国、爱朋友、爱大众，崇尚正义，帮助革命的人。”他送的挽联上写：重农重工，为兴实业树槟模范；立言立德，足与后人作典型。董必武挽联的后半句是：“功宜百代祀，于举世混浊日，独留清白，堪作楷模”。国共双方及朝野舆论都对父亲一生的德才及其业绩给予很高的评价。

父亲反对把社会当成是一个“金矿”，只知去开掘，去索取，他比喻社会是一个“储蓄银行”，大家有力尽力，有财尽财，都加一点东西进去，这个社会就好了。父亲认为：“一个人来到世上，应该想到的是付出与回报，而不是来为自己索取的。”他尽了力，作为一个人，“一个大写的人”，父亲是尽了责任的，他对自己的一生应该是自豪而满意的。

（文/穆家修）

经营缫丝厂起家的沈联芳

沈联芳

沈联芳，名镛，浙江吴兴人，生于1870年12月2日。沈幼年就读于私塾。16岁时在湖州城内恒有典当学徒。

1893年，吴少卿、李松筠在上海创办瑞纶缫丝厂，沈联芳由其舅父推荐至该厂为职员。因工作勤奋，能力又强，逐渐升为高级职员。当时机器缫丝产品国内外需求量很大，瑞纶丝厂很赚钱。他灵敏的嗅觉，看到这一行业前景，他以自己几年来积有余资，又结交了一些朋友，集资40余万两，1900年在上海北河南路鸿安里创办了振纶洽记缫丝厂。沈联芳自任经理。该厂有缫丝车240部，工人多时至千名，少时亦有六七百名，在当时是一家颇具规模的民族资本机器缫丝厂。正因为缫丝业的发展，丝茧买卖非常旺盛，利润可观，因此他在集益里开设恒丰丝号，经营丝茧买卖，获利颇丰。

1908年沈联芳在闸北建造恒丰缫丝厂，设置缫丝车320部，独资经营，自任经理，特聘意大利技师特耐格来厂指导生产和监督质量。恒丰丝厂所生产的“飞虎”和“玫瑰”两个商标的厂丝，输往欧美各国，颇获好评。由于当时生丝出口贸易完全被洋行操纵，丝价起伏不定，存在风险，他为求稳妥计，改变了对丝厂的经营方式，将丝厂出租，以收取租金代替了自行经营。他的恒丰缫丝厂和与他有关系的振纶洽记丝厂、宝康丝厂等，在第一次世界大战前夕均出租给他人经营，坐收租利。当第一次世界大战发生初期，缫丝业一度困难重重，他却安渡难关，影响甚微。

沈联芳以办丝厂起家，此后致力房地产投资，实际上成为房地产商人。

他在闸北恒丰路、恒通路等地段，建造不少里弄市房，有恒丰里、恒通里、恒祥里、恒康里、恒乐里、恒丰大楼等出租。他与地产商人卢少棠合伙购买南京东路集益里房产，当时以30万元购进，后以96万元的价格售出，获得了巨额利润。又与傅筱庵并买地产，如乍浦路联安里等。他的恒丰丝号后来改名为恒丰号，经营房地产业务。

沈联芳除置办房产，亦投资于不少工商企业和兴办一些社会公益事业，在上海声名渐著。1910年闸北商团成立，他被举为会长。1912年被举为闸北市政厅厅长，又任闸北慈善团总董、湖州同乡会会董，并筹设一、二、三队救火会，被举为救火联合会会长。1915年初，被推为苏浙皖丝厂茧业公所总理，连任10多年，成为当时丝茧业的领袖人物。嗣后又任江阴利用纺织公司董事长、上海丰业保险公司董事长、中国丝业银行董事长、苏州太和面粉厂董事长、闸北水电公司、中法求新厂、中国合众蚕桑改良会董事、吴兴电器公司常务董事等职。在他担任苏浙皖丝茧业公所总理时期，适逢第一次世界大战发生，初期外销一度停滞，差不多陷于停顿，丝厂业岌岌可危，当时由沈联芳出面向北洋政府交涉请求救济，于1915年由财政部拨款60万两，用作丝业维持金，使丝厂业渡过难关。

沈联芳担任闸北市政厅厅长期间，当时殖民主义者往往借口开辟马路兴建桥梁，以越界筑路手段扩充租界范围，扩大侵占我国土地。沈联芳遂发起在闸北筑路造桥，阻止了殖民主义者向苏州河以北扩展的阴谋。从此，闸北市容也逐渐兴盛，南北交通也日趋便利。现在闸北的恒丰路和恒丰路桥的名称，就是那时定下来的。这是袭用了沈联芳的恒丰丝厂“恒丰”两字，以纪念他的功绩。1915年11月，沈联芳当选为上海总商会副会长。正会长朱葆三平时不大过问会务，一切由沈联芳主持。1919年当北京段祺瑞政府镇压“五四”运动的消息传到上海后，学生首先起来响应，并要求上海商界罢市响应。但上海总商会不仅不发响应函电，反而在上海日本商会会长授意日商三井洋行买办朱子奎（朱葆三之子）的诱迫下，沈联芳与朱葆三联名以上海总商会的名义发出“佳电”，主张青岛问题由中日直接交涉，这无异支持北洋政府的卖国勾当，因此舆论大哗，朱、沈二人不得不于1920年6月联名辞职。

1932年“一·二八”事变以后，日本帝国主义侵略上海战争发生，闸北战火纷飞，沈联芳在闸北所有的房产、丝厂、企业，以及他主持的各种慈善团体的设施，全被日机轰炸殆尽，使他大部分产业毁于一旦。他心灰意懒，乃将各项业务收缩，全靠未遭战火所毁的房地产收入，维持晚年生活。

抗战时期，日本侵略者因他过去在上海很有名望和地位，曾要他出任“上海副市长”等伪职。沈因不愿事敌，几次避居亲戚家中，后来又避居英侨哈同花园内，始得脱身。1947年11月5日沈联芳去世，终年77岁。

（文/赵 军）

人物提示：

沈联芳（1870—1947），名镛，浙江吴兴人，1915年、1916年、1918年上海总商会副会长。

贝润生为《吴中贝氏家谱》作序

贝润生

贝润生是早期商会发起人之一，担任过上海商务总会协理、上海总商会协理，以前商会根据《章程》，采取总理制，协理就是协助总理办理会务，协理的人数也不多，仅一名，相当于后来市级总商会的副主席、副会长、副主任委员……

上海市工商业联合会自20世纪五六十年代开始收集整理老上海的商会资料，设立专门部门、配备专业人员收集商会老先生资料，形式有征集资料、召开座谈会、请老先生自己写回忆文章，或者由专业人员记录老先生口述资料。在现存的资料中，有一份是贝润生为《吴中贝氏家谱》作序的文字，是当年专业人员从图书馆抄录，作为收集的资料保管。这段文字简要概括了贝润生的大事要事，现在读起来仍有历史价值，这段文字是文言文，原本想把它译成白话文，但笔者文字功底有限，怕误译，考虑再三，将贝润生为《吴中贝氏家谱》作序的文字内容照录，只是按当年专业人员摘录时所做的标点符号按自己的理解做一些判断，做一些修改，作为史料供研究者参考。

余早岁清寒，艰辛备尝，刻苦经营，得竟先人遗志，于心滋慰。日月不居，年已七十矣。

生于同治九年庚午冬闰十月二十三日。初，先大人梅村公中年无子，祖考晋卿公感焉忧之，辄晨起焚香祈祷，忌日祭祀，常感伤悲，深冀昊天垂怜，有以继续余宗，复时时放生，以修潜德。后三年，先大人年已三十有三，始生余。余少时尫弱多病，药饵不绝于口，年方三龄，一病几殆，卒。赖祖德，竟得获痊。未及五载，祖考晋卿公捐馆舍。后四年，先妣张太夫人又从祖考于地下。天乎痛哉！自兹以往，余遂为无母之人，每念及此，不觉涔涔泪下矣。

年十六，承姐丈雨亭先生之介，入瑞康颜料行学业，兢兢自励，未敢稍懈。年二十一，先大人为余授室。先室张夫人，吴门望族，赋性婉顺，执妇道尤恭敬，勤劳备至，助余成家，先大人每以得妇为慰。明年七月，先大人以劳瘁故，忽得中风之症，飘然化去。藐躬不德，未克终养，蓼莪之痛，曷其有极！余方恸椿萱早谢，而先室又遘屯疾，寝至不起。颠危困顿，无有过于此时者矣。后二年，续娶先继室浦夫人。夫人为同邑春山公长女，秉性温淑，夙娴内则，阃内之事，悉由先继室一人任之，余乃得专心致力于业务。

年二十八而任瑞康经理，与世周旋，此其发轫，由是家道稍裕。

年三十七，纳粟为道员，曾祖考妣以下亦各追封如例。

年四十二，又以助赈得双月道员。是年任上海总商会协理，任事三年有余，旋又被选为全国商会联合会副会长，勉力维护商业，幸无陨越而已。

余旅沪甚久，始于逊清末叶，建住宅于华格臬路（宁海西路，已拆），寝息乃较安适。

民三以还，欧战勃兴，遭逢时会，商业日隆。余幼承庭训，兢兢以建立义庄为己任，日久未竟先人遗志，引为生平憾事。

年四十八乃购得苏城狮子林旧址及其附近基地，点缀园林，藉存古迹，即于园内建立承训义庄，以赡族人。又于城外西龙桥置田，自营生圹，经营数载，规模粗具，夙愿克偿，私心窃慰。所望继起者仰体此意，发扬而光大之，则幸甚矣。

先是余有志兴学而有未逮，民国五年始捐资创办吴县城东幼稚园，后二年复捐资补助中华职业学校。民国六年蒙颁功资养正匾额，嗣又蒙颁三等宝光嘉禾章，累进至二等嘉禾章。

民国八年，鄂省洪水泛滥，哀鸿遍地，余恻焉悯之，捐资助赈，蒙颁乐善好施匾额。余何人斯，叠承荣典？此皆余祖先积德所致，而余身受之耳。民国十六年，辞退瑞康职务，独任谦和靛青行总经理之职。十八年，乃将房产分归长、次两房，令其各自执管，复于十九年及二十四年，先后将现金分给子女，俾知稼穑之艰，善自经营。由是向平愿了，儿孙绕膝，诚足以娱晚境矣。何期先继室忽于戊寅冬怛化，遗金分给子女及戚属，以资纪念。

余与先继室患难相共者忽忽已四十五载，一旦永诀，能不悽然！回忆此四十五年中，波谲云诡，措施弥艰，而淞沪事变之际，所营商业尤损失不赀。人徒谓余数十年来一帆风顺，而孰知余之追风逐浪，固备历艰辛矣。

用书数行，以示儿孙，是为序。

（文/文舟、赵军）

人物提示：

贝润生（1870—1947），名仁元，江苏元和（今苏州市内）人。1909年上海商务总会议董，1911年上海商务总会协理，1912年上海总商会协理。1915年任全国商会联合会副会长。

经营恒丰纱厂的聂云台

聂云台，名其杰，原籍湖南衡山，1880年10月8日出生在长沙。他父亲聂缉椝是曾国藩的女婿，当过上海制造局总办，上海道台，江苏、安徽、浙江巡抚等官职。

聂云台

聂云台是聂缉椝的第三子，1883年即随父住在上海。少年时延师就读，于1893年回原籍参加童试，考取秀才。此后，他跟随外国人学英语及电气、化学工程等学，没入过正式学校，但于各学科皆有所通晓，英语尤熟练。

华新纺织新局是洋务派所主持的官商合办企业，原为前任上海道龚照瑗及严信厚等在李鸿章支持下，于1888年筹办，1891年开工，聂缉椝任上海道后，曾参与筹办。开工后头几年，营业情况较好，但甲午战后，受外商纱厂的竞争，连年亏损，许多股东失去经营信心。1904年，聂缉椝（时已任浙江巡抚）致使其旧日亲信汤癸生出面组织复泰公司（旧习，现任官吏不便出面经商），租办华新，由汤任复泰总理，聂云台被派任复泰的经理。当时，日俄开战，放松了对中国的经济侵略，复泰租办华新第一年，就获利9万两。次年，汤癸生病死，导致复泰的改组。聂云台取得他父亲的同意，将复泰改组为聂家独资经营的企业，由他自己担任复泰公司总理，其弟聂管臣任协理。改组后的复泰，仍继续租办华新。这是聂家除已据有的股权外，经汤癸生生前代聂家陆续收买的一部分华新股票，以及汤家一部分华新股票，也被收买过来，遂一家占有了华新股权2/3以上，在股权上占了绝对优势。

1908年底，复泰对华新的租期届满。当时纱业有利可图，华新其他老股东要求收回自办，而聂家则想独占经营，争夺激烈。聂云台便凭借聂家在股权上的绝对优势，召集华新的董事会议，迫使董事会同意全部厂产拍卖。开标结果，聂云台以31.75万两银得标。但划除聂家应得之拍卖份额外，只需再拿出10万两左右，就全部占有了这个企业。

华新为聂家收买后，改名为恒丰纺织新局，由聂云台担任总理，聂管臣任协理。初期，因沿用华新旧有机器设备，产量和质量都不高。为此，聂云台曾进行过一些技术和管理制度方面的改革。1909年，由聂云台亲自主持开办训练班，培养技术人才，废除了包工制。特别是1912年率先将蒸汽引擎改为电动机，不仅降低了成本，而且增加了产量。第一次世界大战期间，是民族资本的"黄金时代"，恒丰也获得了很大的利润。但到1918年底以前，聂云台没有及早地更新和扩充恒丰的生产设备，而是将利润所得，投资在封建土地的经营上。恒丰的设备更新，是1919年以后的事。

"种福垸"大庄园是聂家经营的另一产业，它与恒丰的关系，像一对孪生兄弟，互为支援和调剂。在"种福垸"建立之初，因为筑堤排涝，继续收买邻近土地，需款甚巨，截至1915年，从恒丰汇往"种福垸"的资金不下60万元。到"种福垸"工程完成有了收益之后，又反转来，以收益支持恒丰。"种福垸"东西长16里，南北宽10里，分东南西北四区，三七四牌，其中可耕地达4.5万—4.8万亩，招租佃户3000余家。从1916年起，聂家开始从土地上得到大量的收入，每年从农民身上获利"正租"稻谷五六万石，棉花1.5万斤左右。其他杂课尚多，超过正租的50%以上。1920年后，正式建立起一套统治农民的管理机构，设有总理、协理、堤务局主任等职人员，并有由县府名义派往、而实际由聂家豢养的保警队，可以任意对农民进行逮捕和审判。

1917年，聂云台与黄炎培等人在上海发起成立中华职业教育社，聂担任临时干事。这年，还曾往美国参观考察。1918年冬，由于家族内部的矛盾，聂氏兄弟实行析产，将恒丰分作9股，成为其母（曾纪芬）与各房兄弟的合伙公司，推聂云台为总理，协理一职改由其另一兄弟聂璐生担任。“种福垸”无法分割，仍为聂家各房共有，由聂其贤等在当地经营，但大权仍由聂云台掌握。

第一次世界大战结束后，我国棉纺业仍有几年的继续繁荣。由于恒丰历年有了积累，加之又有大量的地租收入，聂云台开始对恒丰进行扩充，除增添纱锭和布机外，并着手兴建恒丰二厂及织布厂。1919 年 6 月，由聂云台发起招股在吴淞蕴藻浜筹建大中华纱厂。1920 年他当上了上海总商会会长和全国纱厂联合会副会长。1921 年，聂在长沙开设协丰粮栈，为湖南最大粮栈之一。

再说大中华原定资本银 90 万两，聂家投资 23 万两，由于投资踊跃，到 1922 年全部建成投产时，有纱锭 45000 枚，资本达 200 万两，为当时华商第一流纱厂。聂云台担任该厂董事长兼总经理。与此同时，他还与姚锡舟等集股在江苏崇明建大通纺织股份有限公司，与张謇、荣宗敬、徐静仁等在吴淞办中国铁工厂，与孔祥熙、陈光甫等办中美贸易公司等企业。在这些企业里，聂云台分别担任董事长、董事和总经理等职。他还参加上海纱布交易所的筹建，并自设恒大纱号，作为交易所经纪人参与买卖。聂家企业的发展，是那个年代民族工商企业发展的一个缩影。

（文 / 赵 军）

人物提示：

聂云台（1880—1953），名其杰，湖南衡阳人。1920 年上海总商会会长、全国纱厂联合会副会长，1924 年上海总商会特别会董。

袁履登其人其事

袁履登

袁履登，字礼敦，原籍浙江诸暨，移居宁波。伊父袁燮元字德理。家道贫寒，务农为生，嗣后改业缝纫，仍难维持生活，遂在宁波基督教教会所办的斐迪学堂门口，摆设一个食品兼文具的小摊。时斐迪学堂的校长为英国牧师“礼登”，出入见摊旁坐一十余龄的男孩，询诸袁燮元，知系袁之长子。问其为何不令入学读书，答因无力培植。当由英国牧师礼登负责学杂费用。后来由小学而中学转入上海圣约翰大学毕业，皆英人礼登之力，故伊子为感恩图报，取名袁履登，字礼敦，以示永志不忘之意。

袁履登大学毕业时，适甬籍煤业巨商谢蘅牕（字天锡）开设在上海北苏州路的裕昌煤号，为了方便与西人接洽，拟请一英文秘书。经人介绍袁氏进店服务。谢氏见其诚恳可靠，便与其结为异性兄弟，倚之如左右手，薪资亦丰，从此袁氏处境日裕，迎父母与胞弟袁贤康来沪居住。迨后谢蘅牕事业日盛，声誉日隆，被选为上海总商会会董，时有“煤业大王”之称。袁氏因之亦交游日广，中、西著名人士，类都熟稔，更有谱兄谢氏为之竭力鼓吹，乃转任宁绍轮船公司总经理，而袁履登之名亦渐彰矣。

袁氏声望既著，收入亦增，乃公余之暇，辄涉足叙乐社、畅友社、宁商总会，饮酒和竹战（挖花牌）消遣，有时还学唱京剧，不久又与虞洽卿等创设申江俱乐部，又参加雅歌集票房唱戏。其时担任公私团体的名誉职务多得不可胜计，盖以袁氏善于交际，而且事亲极孝，颇为人所钦敬；而英工部局又聘为华董。但身价虽已抬高，手头并无积聚，因袁氏不善经商，兼之事业方面，都属名誉职务，月仅车马费若干，所以出入汽车代步，外表似甚阔绰，实际徒拥虚名，然“好好先生”之称，沪人都乐道之。

1937年，袁氏已年届六旬，所兼事业名誉职务大都停发薪金，因此生活很窘，而为摆阔起见，汽车又不得不坐，遂由袁之门生故旧为之策划，介绍证婚和收徒两项，以资维持，居然收入反较往时为多。因证婚不但有吃，而且事后还要给他送礼；收徒每人贽敬至少100元，多则数百元不等。袁氏为上海著名三老之一（三老者即闻兰亭、袁履登、林康侯），而证婚的业务，在上海沦陷时期，因一般符合资格兼具声望的人士，大都避居后方；袁氏因交游广阔，酒量尤宏，更因袁氏证婚约期不误，准时早到，临场一口宁波土白的颂词，又复妙趣横生，口齿熟练，颇为宾客所称赏，是以业务蒸蒸日上，为闻、林二老所不及，而各界慕名投其门下者，亦逐渐增加，收入之丰，出乎袁氏意料之外。乃集资创设履兴肥皂公司于泗泾路、华丰银行于爱多亚路（今之延安东路外滩）、同盛运输报关行于九江路，事业均由伊之独子袁森斋代理。不知者认为“面团团”财力充裕，实则全仗证婚、收徒而生活也。

1941年冬，袁履登由黄陂南路文元坊4号隐居到武定路严宅（即上海黑人牙膏主人的住宅），据称是为避免敌伪人员邀请出山。但不久袁即就任伪上海市商会主任委员；没有几天，又发表特任袁履登全国米统会主任委员，而袁亦欣然赴任，所委重要官员，均属袁之门生故旧，以及亲族人等。假如不是事先默许，自愿投伪，何来许多帮手？足见自甘堕落，百喙难辞。其最可恨者，所委各地米统会分会主任，均系贪污门生，强迫征粮，农民哭诉无路，苦不胜言，而袁则依然吃酒证婚，置若罔闻，其为敌伪强迫作官，谁能信之？而其子森斋借乃父之势，终日花天酒地，乐而忘返，凡遇电台播音，自以为名票出场，与流氓张椿宝的儿子张伯铭一搭一档。听者因为大亨的少爷，莫敢指摘。有时袁履登遇到劝募捐款，还要自己播唱，恬不知耻，真是得意忘形，前后判若两人，深为惋惜。

1946年日本投降，蒋介石重返南京，除伪主席陈公博和褚民谊等执行死刑以外，所谓上海著名之“三老”亦皆逮捕入狱。袁履登判决无期徒刑。此时提篮桥监狱，大有人满之患，监狱二楼报载均系著名人士，一切待遇，亦较其他犯人为优，大都自带床铺被褥和日用食品，起居使唤，均有狱警侍奉。所谓“钱能通神”，洵非虚言。袁氏自得意之后，对于耶稣《圣经》，早已抛诸脑后。今则在狱又复劝人信教，唱赞美诗，读《圣经》，做祈祷，视为经常功课。在狱约两年余，经陈霆锐、端木凯两律师一再向特刑庭刘毓桂庭长请求保外治病，又经大力者向蒋介石疏通，一说系由基督教江长川牧师向宋美龄说情，始获允准。袁氏出狱时，病确严重，周身浮肿，面黄肌瘦，步履维艰，孽由自作，何足惜哉！

袁履登保释就医，寓居霞飞路（今淮海中路）虹桥疗养院5楼501室，房间宽大，空气亦好。该院院长系无锡丁福保医师的儿子丁惠康，租此巨厦，即由袁氏介绍，所以住院更为优待。来客访问袁氏，可以随便出入，不受医院制度限制。其2楼即为蒋介石软禁张澜、章伯钧、罗隆基的房间，门外有便衣看守人员。黄炎培、陈叔通两老亦常到张澜房内访问。袁氏住院年余，至1949年春，忽由家属陪同赴港，租屋香港九龙。不久袁氏患病沉重，电告儿媳速往，并将预制之寿衣、寿材运港，以备不测之需。结果儿媳赶往，病有起色，更因香港生活昂贵，久住力有未逮，乃于1953年重返上海黄陂南路文元坊的旧居。人民法院虽曾传讯数次，因患神经衰弱，语无伦次，均由伊子袁森斋代表应讯。因尚无其他特殊犯罪行为，又因年老病重，不予深究，至1955年终于患病日久，不治身亡。遗有洋酒、雪茄烟极多。

（文/适　尘）

人物提示：

袁履登（1879—1953），名贤安，浙江宁波人。1920年、1922年上海总商会会董，1926年上海总商会副会长。

赵晋卿回忆中日实业公司和外交活动

1966年2月21日、4月18日，赵晋卿分别回忆了抗日战争前后他所参与的中日实业公司以及拉拢他任伪职的片段。

赵晋卿

片段一：中日实业公司和我的外交活动

中日实业公司是一个和中日外交、经济贸易有密切关系的机构。在北伐后，它的总理高木六郎曾和我策划，解决了那时日本驻华公使人选的争执问题。

当济南惨案发生，许修直来问我说，日本要南京国民党政府承认历次参战借款，拟派小幡为日本驻华公使，交涉取得协议。那时外交部长王正廷囿于各方面反对，对日本征求以小幡为驻华公使，未敢同意，这导致日本当局颇为不满，主张与南京断交。其时，高木六郎就来和我商量如何恢复中日的外交途径。因为重光葵那时任日本驻沪总领事，常常和我们有往来，而他过去是任日本使馆参赞，与小幡身份相同，我就答复高木六郎，首先两国应恢复外交使节，才能开始谈判，至于如何恢复，可由日本把重光葵调回使馆参赞代理公使，这就可以打开僵局，并问高木六郎，是否以此方案向日本议员转致外务省征询意见，如能同意，再由我向王正廷谈妥。后来，高木六郎照此进行，由中日实业公司的船津向重光葵说明，并由我建议王正廷提出国务会议，同意重光葵为日本驻华公使，才使济南惨案，逐渐平静下来。以我所知，该公司对于中日借款，始终参与其事。

片段二：我曾被敌伪三次拉拢

1938年秋，伪上海大道市政府傀儡苏锡文下台以后，曾在抗战前随黄郛在南京当过内政部次长的许修直，已经投了南京敌伪维新政府。有一天，忽然派人来看我，说是许修直受日本驻华的一个大将之托，要我出任伪职，给我应付过去，这是第一次拉我投敌。

1941年太平洋战争爆发后，与许修直向来接近的伪南京市长蔡培又遣人来，要我出任汪伪职务，说无论在外交或实业经济方面，都可。此人曾在新闻界、教育界工作，姓名已忘，也就应付过去，这是第二次拉我投伪。

相隔不多时，汪伪的外交部长褚民谊，派其亲信在茂名路原法国总会邀我晤面，要我在外交方面担任工作，我和褚民谊在抗战以前，原来相熟。接着，褚民谊在华懋饭店柬邀我参加茶会，我去了，一看在座有日本外交官重光葵，以及颜惠庆等一共七八个人，当时，我只感觉到这次茶会是重光葵要褚民谊邀集的，茶会上没有谈具体事情，这是第三次拉我投伪的经过。

（文/赵晋卿）

人物提示：

赵晋卿（1882—1965），名锡恩，字晋卿，江苏上海人。1920年、1922年上海总商会会董，1927年上海总商会临时委员会常务委员，1928年上海总商会执行委员会主席委员。

秦润卿倾心家乡教育

秦润卿

在近代上海有钱业巨子之称的秦润卿于1920年担任上海总商会副会长，其间还长期担任总商会会董，在近代上海工商界具有重要的地位与影响。其间他热心慈善公益事业，特别是为家乡宁波教育事业倾注了很大的心血与热情。

秦润卿在家乡捐资办学始于1915年。当年，身为豫源钱庄经理的秦润卿因为业务关系促成了一笔生意，按照当时生意场上的规矩，他得到了1300多元的酬金。本属无心之作，却得到了如此巨额的报酬。秦润卿就想用这笔钱兴办学校。可这笔钱还是不够，于是他找同乡顺康钱庄经理李寿山以及王荣卿、郑秉权、穆景庭、徐庆云、秦子敬等旅沪同乡商议，得到他们的一致赞同。大家凑成12000元，在慈城西郊原正始学堂旧址（今慈城西营）上兴建“普迪学校”。其校名寓普及文化、启迪民智之意。为了办好普迪，秦润卿聘请鄞县名士谢缄三为校长，并将学校一切事务托付给他，自己则担任学校董事会的董事长，负责筹集办校经费等。学校对于那些贫寒子弟，免收学费并供应纸张文具，以致被人看作贫民学校。学校的日常开销、教员工资等，全部由秦润卿负责筹款拨给。

创办之初，该校学生即有数百人。到了1925年，由于人数太多，秦润卿再次筹款在慈城北门校士馆旧址建立一所新校。由此普迪学校分为一小、二小，校长仍由谢缄三兼任。两校学生盛时共有2000多人。普迪学校经过几年努力，就声誉鹊起，成为浙东著名的小学。

1933年，慈溪县政府拟创办慈溪县立中学，邀请当地名儒杨省斋、杨逊斋及秦润卿等人商议，希望他们支持，并请陈谦夫任校长。秦润卿即捐银千两表示支持，后来他又捐资协助该校在原慈湖书院附近购地数十亩扩建校舍。慈溪县立中学即后来的慈湖中学，在秦润卿等旅外慈溪人的大力支持下，迅速发展成为浙东一所著名学府。

对宁波著名的私立中学效实中学，秦润卿也时有捐助。1935年辞去钱业公会主席职务后，他应陈布雷、陈谦夫及效实中学校长等人邀请，出任效实中学校董会董事。1948年在陈布雷去世后，又担任校董会主席一职。所谓在其位，谋其政。此后效实中学就时时成为他的牵挂。

1938年，宁波效实中学被日机炸毁，部分师生到上海租界避难。为解决他们的求学问题，时任学校董事长的秦润卿与其他旅沪宁波商人共同出资办起了效实中学上海分校。太平洋战争爆发后，日军占领租界，时局更为混乱。秦润卿在董事盛丕华、篑延芳、乌崖琴等人支持下克服各种困难，继续办学，并把校名改为"储能中学"。其实，"效实"和"储能"两校名均出自赫胥黎《天演论》："物竞天择，效实储能。"

储能中学初创时，校舍设在牛庄路770弄清凉寺的后院。那是一幢五开间、两厢房的三层楼房，总共有14间较大的房间。学校专收宁波籍贫困儿童，不仅可免学费，家境特别困难的，还赠送书籍、笔墨、纸张。1942年后，进步文化人士冯宾符、段力佩相继担任学校教务主任、校长。在他们的引荐下，一批进步教师、地下党员如王元化、周建人、楼适夷、碧野等先后到校任教，陶行知、叶圣陶、翦伯赞、雷洁琼等社会进步人士经常应邀来校演讲。

抗战期间，普迪学校和新建成的慈溪县立中学校舍均毁于日军炮火。当时学校化整为零，迁到乡下坚持办学。抗战胜利后，为了使学校教学尽快恢复正常，秦润卿决定重新将毁损的校舍修复。可是仅普迪学校校舍就已毁坏过半，修复需要巨资。而此时上海百业萧条，钱业盛况不再。福源及其他行庄的收益都相当有限，仅能维持而已，因而秦润卿的收入也大受影响，无力拿出这么一大笔资金来修复普迪学校。考虑再三，秦润卿向垦业银行董事会提出，将自己养老金及百年之后的抚恤金提前拿出来，作为修复普迪学校之用。按照当时银行业惯例，高层管理人员只要服务够一定的年限，在他退休时，银行会支付给他一笔养老金，本人逝世之后，其家属也可以领取一笔抚恤金。当秦润卿向董事会提出这个请求时，董事们为之感动不已，决定由垦业银行出资 2 亿元，帮助修复普迪学校校舍。

慈湖中学的修复也颇费了秦润卿一番心血。当抗战胜利之际，慈湖中学校长陈谦夫因病谢世。去世前，他向继任的胡绳系交代："学校要迁回，校舍须重建，恢复旧制，谈何容易。然吾邑幸有秦润卿先生在，其为人也，急公而好施与，对邑中教育文化事业，莫不乐于相助，吾校夙受其惠，尔后复校之种种规划，宜恳请此公协助，则必期有所成。"1945 年深秋，当胡绳系前往上海找到秦润卿时，他果然对胡绳系表示：我对斯校当一似谦夫先生在世之时，决不因人而异，君可释怀。在他的支持下，慈湖中学开始重建工作。可是由于资金问题，只能暂时借普济寺办学，重建校舍的事情，一直到 1948 年 5 月，才由秦润卿向同乡诸人募得巨款，历时半年而照抗战前原样建成。

（文 / 孙善根）

人物提示：

秦润卿（1877—1966），名祖泽，浙江慈溪人。1916 年上海总商会会员，1920 年上海总商会副会长，1924 年上海总商会特别会董。

抗拒“停兑令”的宋汉章

宋汉章

宋汉章（1872—1966），浙江余姚人，出生于福建建宁，成长于家乡余姚，其父宋世槐曾在闽办盐务，并营木业，后协助上海电报局总办经莲珊从事电报创建工作，卓有贡献。汉章随父到了上海，就读于上海中西书院，毕业后进了上海电报局工作，工作之余，上夜校补习英语，自求深造，获暇常写稿投送《士林西报》，引以为乐。时经莲珊赞助康梁维新，通电拥护，宋也签名，遂被清廷追索，宋随经出亡在外，流浪多时。经以宋尚年轻，长期相随，似非久计，且以宋仅签名，并非要员，似非追缉者所瞩目，劝宋另为之计。宋原名鲁，由此改名汉章，由经资助重返上海。

1897年中国第一家自办银行——中国通商银行成立，采用英国银行管理及会计制度，聘英国人美德兰（A. M. Maitland）为洋大班，并请当时盛康钱庄经理陈笙郊为华经理，由陈任宋汉章为“跑楼”（即翻译）赖以沟通洋大班与华经理的关系。中国通商银行的业务，从开始着重对钱庄的拆放和公营厂矿的贷款，逐渐扩展对工商业和一部分外商的融资往来，宋氏从而理解到英式银行的管理制度和中式钱庄的业务经营，逐步养成了一个学贯中西、办事认真、了解银行业经营管理的未来银行家的重要素质。

当宋氏去香港为中国通商银行催收一宗呆滞贷款，在返回途中邂逅北京度支部派赴香港公干的要员陈陶遗，两人晤谈甚欢，引为知己，因而互留住址，以便通信。翌年由于陈的推荐，由度支部召宋赴京，任宋为北京储蓄银行经理，宋办理储蓄很有成绩，遂由度支部调其到上海主持大清银行整理工作，而后即任宋为上海大清银行经理。

1911 年辛亥革命成功，非常大总统孙中山宣布成立中国银行，清理了大清银行，宋氏被任命为中国银行上海分行经理。彼时上海外商银行以雄厚的资力，垄断着上海金融市场，尤其对于国际汇兑业务全被以英商汇丰银行为首的外商银行所把持，操纵外汇汇率，主导中国国际贸易，甚至经营外汇的经纪人俗称“汇票掮客”的马车，风驰电掣横冲直撞于外滩一带，如入无人之境。时上海中国银行由于宋氏的主持，以外滩银行地位，参加了外商银行同业公会，中国银行才得与外商银行同道竞业。那时外商银行的经理叫大班，因此大家也称宋氏为宋大班。

辛亥革命上海光复，都督陈其美命宋筹饷，宋以中行系属官商合股，本人是个雇员不能作主，婉言拒绝。由于银行设在租界，陈无可奈何，于是设宴请宋至曹家渡小万柳堂，宋鉴于当时情势，未便固拒，遂应约前往。小万柳堂地处沪西梵皇渡路（今万航渡路）原是越界筑路，属于租界势力范围，其后门向靠苏州河，则为中国军政势力所能及。当宋来到该堂，陈亲自以措款相请，宋以银行之款本人无权擅夺，仍请免议，哪知一言不合，陈即下令，架宋出后门，上了早已准备好的木船，要宋至都督公署再加考虑。宋氏被拘的消息传至上海市场，群情哗然，时名人伍廷芳、马相伯出面营救，陈其美之弟陈其采在上海金融界素有交往，闻之也为奔走，宋被禁两周，终于获释，宋氏由此为上海各界所称颂。

1916 年袁世凯阴谋僭号称帝，需用浩繁，勒令全国中国、交通两行将已发行的兑换券停止兑现，扣留现银，备为己用。其时各地中、交两行奉命停兑，唯独上海中国银行在宋氏慎重考虑之下，认为银行兑换券一旦停兑，失信于持券人，今后欲图再树信誉，将不可得，更不应使持券人遭受此项人为的损失，当时上海中国银行所发行的兑换券为数不过千万，估计以本行库存现银，及可能获得的支援，合并起来敞开兑现，或不至有何困难。遂由宋氏亲自走访英商汇丰银行和日商正金银行大班，告以准备抗命不停兑的打算，以宋氏当时在中国金融界的声誉，原为外商所推崇，对宋氏不停兑的拟议，表示赞助，两行各愿支援银元100万元至200万元。宋氏得到后援，主动愿为两行提供房产道契作为保证，以示诚意。回行后再商由副经理胡稑芗走访后马路各大钱庄经理，告以宋氏的意图，并希望给予支持。各庄经理素知宋氏平素为人，言而有信，一丝不苟，为了安定上海市面，都同意支持其不停兑的打算，并愿提供沉款以为支援，合计各庄可以供应的总额一百数十万元。胡遂与各庄经理相约，在业务上照常接受中行兑换券，凡愿为中行兑现者，随时可以由行运现补充，同时并托发展较大的钱兑业，广为悬牌通告收兑。时三马路中国银行早被持券要求兑现者围得水泄不通，中行遂通知群众，凡持有本行发行的兑换券，除在本行照常收兑之外，并可向本行委托代兑各处前去兑现。持券者鉴于中行兑换券在银行、钱庄照常收受，而兑现之处又如此普遍，不到几天挤兑风潮遂告平息，上海中国银行的声誉由此日隆。宋氏为了维护持券人的利益，敢于冒生命危险，抗拒袁政府的命令，袁世凯因此欲加害宋氏，银行界同仁请宋氏提高警惕，防袁暗算，宋氏不以为意，而袁不久自告殒殁，宋氏方得安全无恙。上海中国银行兑换券从此流通益广，远至偏僻乡隅，只要有宋氏签名的兑换券，持有者几乎视同现银元，因而窖藏者有之，时上海中行发行部门，经常发现久藏成饼、无法分离的大宗全新兑换券，可见当时持券人对宋氏信赖之深，诚有出人意料者。由于上海中行兑换券的发行日益增长，把外商银行的纸币流通数额、流通地区无形被排挤而逐渐减少缩小，外商银行控制上海金融市场的局面也随之改变。

（文/陈安性，原载《上海总商会的宁波人》）

人物提示：

宋汉章（1872—1968），名鲁，浙江余姚人。1914年起任上海总商会议董，1916年上海总商会会长，因忙于自身业务而辞职。1922年当选上海总商会会长。

方椒伯在上海总商会任上的几件事

方椒伯

方椒伯，名积蕃，浙江镇海县人，生于1885年。幼年延师来家教读，曾应科举试未（中），乃至上海，入民国法律学校（伍廷芳为校长），肄业，而经理钱庄。方氏系镇海大族，族人大都经商，此钱庄是其祖上所设，他经理后又另设一分庄。旋任东陆银行行长。民国法律学校后被袁世凯封闭，袁死后该校同学会曾选方为会长，具呈政府请求恢复，司法部和教育部商议后，以“不特筹备，经费无着”为由，令曾在民国法律学校肄业之百余学生可转入神州法律学堂肄业，已学习过的年半学历有效，而为插班生，毕业后领有律师凭证。

1920年，上海总商会副会长沈联芳徇日本驻沪参赞之请，将日人自己撰写赞成交还青岛由中日两国直接交涉的电稿，用上海总商会名义拍发。次日，此电在报纸上登出后，舆论哗然，一致反对。由上海各业公会、各同乡会等70余团体合组各公团联合会，该会设办事处于宁波旅沪同乡会，推方椒伯为会长，分电华会我国出席代表及中央与各省机关团体，请一致反对上海总商会被日人利用而发出此违反民意之佳（九日）电。上海总商会朱葆三和沈联芳两会长，因声名狼藉，为会员所鄙视，皆提出引咎辞职，任满后均不连任。聂云台、秦润卿而被选为正副会长。方椒伯因领导各公团主持正义，起而反对，遂为工商界所信任。

1922年聂、秦两会长任满后，方即被选为上海总商会副会长，宋汉章为正会长。1924年任满改选，方椒伯连任为副会长，虞洽卿为正会长。这四年中，因宋汉章常往医院养病，虞洽卿时往北京活动，一切会务皆由方椒伯一人主持，且这四年中，意外的事务特别多，试举数事以证明。

（一）孙美瑶临城劫车案。被掳之中外各票纷纷请总商会设法营救，于是召集特别会议，设登记处，叫被难人的家属来会登记，募救济品，购食物和日用品以给被掳各票，派代表赴枣庄、济南与政府及匪方直接交涉，组救护队携带药品上山，为被难人医治，卒能改匪为兵，尽释中外各票。

（二）反对曹锟贿选，组织民治委员会，通电全国商会，请一致不承认贿选之政府，推派代表来沪讨论应付方法，虽未能达到原定目标，而曹锟窃取大权之后，上海总商会与中央政府断绝关系，从未有函电前往。对于中央来件一概置之不复不办，坚持正义，难能可贵。

（三）五卅惨案发生后召集紧急会议，徇各界之请，通告全市工商业一律罢市，并募集款项以分给罢工工人为伙食费，提出十三条要求，交政府派来之蔡廷幹、曾宗鉴以作交涉的资料。

（四）组织爱国募金会，分队募款，以充办理五卅惨案之经费，并组织提倡国货会，劝同胞爱用国货而抵制日货。

（五）组织吴淞江水利协会，召集与吴淞江有关之上海、吴县、太仓、宝山、嘉定、昆山、青浦、吴江八县议会与商会代表，及上海商业团体代表，反对浚浦局侵夺主权欲开发吴淞江，情愿自筹巨款以修浚。

（六）接收兵工厂，组织保卫团以保管。派员在厂内设办事处，会同陆军部总长吴光新及司长等处理该厂之址，变卖厂内物品。

（七）参加反日会，通告会员以前所订之日货，分别封存登记。以后不许再定日货，以示爱国热忱，规定对私运私售日货的处置办法，分函全市工商界一律遵守。

每天上午他准时到总商会办公，批阅公牍甚精细，遇有秘书所拟之稿，有欠妥处，即亲自动笔修改。俟总商会之公事办毕，然后至银行内处理行务，四年如一日，不论严寒酷暑从未间断。

他分析问题有辨别力，至公无私。他与傅筱庵不仅同乡，且交谊甚深。傅慕其办事能干，特向总行提出在十六铺设中国通商银行分行，请其担任分行行长。傅筱庵1924年、1926年两次竞选上海总商会会长时，方担任副会长，他常主持会议，人家总认为他欲为傅奔走，但双方会董相互攻讦，可他从未偏袒，按照议事规则办理，所以反对傅筱庵之会董冯少山、霍守华、闻兰亭、叶惠钧、田时霖等皆敬佩其守正不阿。抗战时傅筱庵任伪上海市市长时，屡次要他担任伪市政府秘书长，他坚拒未允，可见其对于敌我界线认得甚清。

（文/孙筹成，原载《上海总商会的宁波人》）

人物提示：

方椒伯（1885—1968），名积蕃，浙江镇海人。1920年上海总商会会员，1922年、1924年上海总商会副会长，1926年上海总商会会董。

会 董 篇

夏瑞芳被刺之谜

夏瑞芳

1914 年 1 月 10 日傍晚，夏瑞芳走出棋盘街（今河南中路）商务印书馆发行所的大门，准备跨上已等在门口的自备马车回家，突然遇刺身亡，年仅 43 岁。夏瑞芳的小马夫胡有庆冒着生命危险勇追，抓获凶手王庆瑞。王庆瑞供述是周栖云出巨资雇他杀人。3 年后，在逃的周栖云被捕。夏瑞芳被刺案应该水落石出了。蹊跷的是，案情始终没有公之于世，成了谜案。

其实，幕后指使人是陈其美的说法当时就广为流传。事实也正是如此，是陈其美对夏瑞芳在“二次革命”中带头请洋兵和新索求未得满足的报复。在请洋兵过程中，沈联芳是闸北市副市长，不便出面，只在暗中鼓动他人出面，胁迫闸北商团就范。历次署名者中，夏瑞芳、庞莱臣、祝兰舫身份最高。庞莱臣的产业多在浙江，是收藏家；祝兰舫年近花甲；夏瑞芳是闸北各厂领袖，商务印书馆又发展迅猛，资本从 1903 年的 20 万发展到 1914 年初的 150 万，财力雄厚，却态度坚决。7 月 27 日，洋兵开进闸北的当天，商务印书馆所在的闸北四区张署长发出通告：“今有外国商团到此，询系闸北商家夏瑞芳等 15 人及 15 家丝厂请来保护……各安居业，静候交涉。”“二次革命”失败后，陈其美等人流亡日本。夏瑞芳被刺前几天，曾收到从日本寄来的信，称“前事亦不归怨于君，惟现在寄身异域，处境极窘，向君商借银数万两，以救燃眉。祈即汇交，异日再得相见，否则定有恶报”。事隔半个多世纪的 1963 年 4 月 2 日，香港《大公报》文艺副刊“大公园”发表郑逸梅《补谈夏瑞芳被刺》一文，记录了在商务印书馆工作了数十年的华吟水的口述：据凶手“供称为陈其美部下暗杀团所主使，因半年前陈在沪发动二次革命，声讨袁世凯，袭击制造局，设司令部于闸北，为筹集军饷……一时无从筹措。夏为闸北各厂领袖，陈怀恨异常，乃下此毒手。夏的妻子洞知其事，不敢结怨，申请捕房，不必追究，自愿结案”。夏的妻子鲍钰闻听夏被刺，当场昏倒。如此柔弱女子，怎么会有这样的洞察力和决断？

实际上，是商务印书馆编译所所长，商务的灵魂人物张元济洞知其中的窍要和厉害，以夏妻名义提出的申请。这使夏案成了谜。

张元济不愿结怨于党人。早在1913年8月28日，也就是万国商团开进闸北的第二天，夏瑞芳已收到革命党人的恐吓信，称将加害他和虞洽卿、张元济等人。当天一早，虞家被扔进炸弹，幸好未中。张以个人名义捐给反袁军5000元。据张元济之子张树年回忆，夏案前几天，张元济也遭遇过一次暗杀：张为商务印书馆涵芬楼搜购旧书，常有人送书上门求售，张晚上翻阅选定后，写一张字条。售书人凭字条去商务结账。一天有人送来一包旧书，张当天晚归，第二天又匆匆出门，未及查看。送书人把书取回。几天后，巡捕房到张家调查，称书包里有炸弹，后炸弹自爆，送书人已被炸死。夏瑞芳被刺时，张和夏一起下楼，走到一半，张想起有一包公事应带回家批阅，返回楼上。突闻枪案，震惊异常，由同事护着从后门离开。因此，商务董事会决定张元济暂避。夏遇刺后，论学识、能力、声望及在商务的实际作用，张元济是总经理最佳人选，但他以种种理由坚辞。

夏案后，夏的家属和相关人员不断受到恐吓：宝山路商务印书馆印刷所内的救火皮带被割破，家属收到好几封恐吓信。与夏一起签名请洋兵的丁汝霖收到多封恐吓信，又抓获两名在其住宅旁盘桓多时的党人，吓得他请巡捕房在家前屋后派驻明岗暗哨。商务怕小马夫遭暗算，悄悄把他派往商务的外埠分馆任事。

张元济不愿追究真凶。杀手王庆瑞在公共公廨审讯中准备供述受何人唆使时，公共租界总巡捕房第40号西探泼雷司请求审讯官孙襄漱员和英国领事暂停，称：“恐有重要关系，现在不便宣布。”于是，堂上不再问；在堂的夏家代表丁榕律师随即转移话题。后来，由巡捕房50号西探总目安姆斯脱郎和刑事检查员侃克将王庆瑞带到大写字间，详细盘诘了几天。1917年7月10日，巡捕房捕获周栖云，要求商务提供小马夫的下落，以便出庭对质。当时商务总经理高凤池和张元济的一番沟通颇为有趣。张仍不主张追查，说："千万不可告知，只言现在不知去处，此事于粹无益，于粹夫人有损，于公司亦有损。千万不可游移。"高则不以为然，过了一会儿又来告诉张，小马夫确在济南分馆，万一巡捕房查出，可判本馆为"犯法"。张说，恐怕不会吧，胡有庆又没有犯罪。高默然。事实上，胡有庆并未来沪对质。直到1950年，胡有庆全家才敢回沪。

张元济故意模糊其言，使之成谜。因夏案与商务宣告收回日本股份在同一天，有人猜测系由商界竞争引起。事隔一个多月，张元济在写给远在法国游学的蔡元培的信中，也给出一个模棱两可的解释："凶手被获，审系出资雇来。说者谓原因在于闸北一役，以私见揣之，未必尽确，大约主因皆由于同行嫉妒，未知卓见以为然否？"这是重要的书面反证资料，更为夏案拉上一道朦胧的幕布。笔者以为，这是张元济担心行程万里、辗转移交信函的安全性，故意为之，但还是暗示了暗杀真相。

另外，蒋介石与陈其美的公谊私交非同一般。1906年，他们在东京结为义兄弟。经陈介绍，蒋加入同盟会，并结识了孙中山。蒋对年长10岁的良师益友的知遇之恩铭感不忘，自诩为"陈烈士的化身"。随着国民党掌握政权，陈被蒋尊为一党训政的精神偶像，关于夏案的事实真相，在此后几十年的时间里再也无人提起。

（文/张 化）

人物提示：

夏瑞芳（1871—1914），字粹芳，江苏青浦人（今上海市青浦区）。1902年上海商业会议公所议董，1908年、1910年、1911年上海商务总会议董，1912年上海总商会议董。

钱业公会首任会长朱五楼

朱五楼

在上海商务总会议董中，朱五楼的名字出现是在1910年的第六任改选时。1911年上海商务总会改选，朱五楼连任议董，排名提前许多。当年上海商务总会议董的排名是根据当年选举得票数多少而定的，得票最多的当选为会长，依次为副会长、议董，会长和议董合计数不过20位左右。上海商务总会议董每周都须值班，朱五楼是理案议董之一，监察钱债纠葛词讼诸事，他是礼拜一值班。这个值班制度后来就交给上海总商会商务公断处了。

朱五楼是北市钱业的董事，他在上海总商会会员信息里，他执业填写是“福康”，福康是苏州程家所开设的钱庄，朱五楼是经理。他的姓名栏，填写名方干、方榦，方淦只是在网上资料上显现。他的籍贯填写的是浙江归安，也有一次填写浙江吴兴，归安、吴兴都是浙江湖州的旧称。

朱五楼1861年5月生，祖上原籍徽州，因避战乱，迁居湖州，后在湖州荻港定居。相传朱五楼年少时家境贫寒，他的母亲在上海一户人家里做保姆。19岁那年，朱五楼离开湖州赴上海去投靠他的母亲。巧的是，他母亲的雇主在前一天晚上做了一个奇怪的梦，梦到一个光着脚的送财童子，双手高举，各托着一样东西跑到他家来送财。朱五楼那天穿着新布鞋到上海，却正赶上下雨，他舍不得淋湿新布鞋，急忙脱下鞋子托在手上，这才急匆匆地跑到了母亲做工的地方。雇主问清楚他的情况之后，坚信夜里梦到的就是这个小伙子，就给他安排好差事，把他留在了自己家里。雇主给安排的这份差事是进入上海苏州程家钱庄当学徒，程家拥有福康、顺康、福源三大钱庄。朱五楼在程家钱庄中练就了一身真本领，精通业务，并有双手快速打算盘的技能，时人称为“飞朱”。后来，朱五楼在上海商界风生水起，这个传奇的故事也被坊间慢慢传开，朱五楼便有了“赤脚财神”这个美誉。不久成为福康钱庄当家，福康是行业领头，朱五楼成为北市钱业会馆董事。

1916 年 2 月 10 日，北市钱业会馆将钱业会商处改组为沪北钱业公会。会址假在苏州河路上海总商会内。由于南市钱业公所觉得遇事隔阂不利于联系，经与沪北钱业公会协商，于同月 23 日召开南北同业联席会议，商议南北合组公会。会议决定将沪北钱业公会改为上海钱业公会。朱五楼当选为首任会长，秦润卿当选为副会长。朱五楼长秦润卿 17 岁，朱五楼是前辈。秦润卿在《五十年来上海钱庄业之回顾》一文中专门写道：“朱五楼先生，辛亥国体变更，公维持沪市金融甚力，继陈果夫先生之外舅。”秦润卿肯定了朱五楼支持辛亥革命的举措，肯定了朱五楼在维护上海金融稳定所起的作用。1919 年五四运动爆发后，上海开始罢工、罢市、罢课支持北京学生运动，而罢市关键在钱庄业。当时上海中小型商业来往大部分都通过钱庄，只要钱庄罢市，商业就会跟上。朱五楼以上海钱业会会长的身份签发了钱业罢市决议，说明他支持五四运动。五四运动之后，朱五楼提出利用复市之际，停止使用外国银元的动议，具有正义感和民族感。秦润卿所言的后一句“陈果夫先生之外舅”，外舅即岳父，《尔雅・释亲》载：妻之父为外舅，妻之母为外姑。朱五楼是陈果夫的岳父，陈立夫、陈果夫追随孙中山革命，那么朱五楼支持革命是可以推理的了。

在《上海总商会议事录》里有关朱五楼的条目有 140 多条，说明他任职尽心尽力，参与总商会的议事之多。在 1919 年 11 月 29 日上海总商会办事报告里见到朱五楼“因病不能到会”的信息，但他去世的时间没有记录。在另外一份文献中，记录了 1920 年 1 月秦润卿接任上海钱业公会会务时，提到一句：“因朱五楼病逝，（秦润卿）主持钱业公会会务。”那么朱五楼去世，大致在这个时间，1920 年 1 月前。

在湖州荻港，有朱五楼故居，称鸿志堂，位于荻港镇中里巷埭，建于清朝年间，是荻港三十六堂之一。故居大门朝南，在中堂大厅里挂放的“远水振家声，文山传书胄”对联。门前有大石元宝一只，显示当时朱家的财势。故居前半部分为雕花门楼三间，由南至北共三进深，二天井。古色花窗，青石板天井。其东厢房西朝向，拱式门堂，上有砖雕文字：“鹿洞家声。”后半部分共三进深，二天井。古色雕花栏杆，前后6间厢楼房，青石板天井。其南天井有古石花坛一座，四周设石鼓凳四只。2013年6月，笔者曾到访过荻港镇，参观了朱五楼故居，不知现在故居可安好！

（文／王昌范）

人物提示：

朱五楼（1861.5—1920.1），名方干、方幹、方淦，浙江湖州人。1910年、1911年上海商务总会议董，1914年上海总商会议董，1916年、1918年上海总商会会董。

中国红十字运动奠基人沈敦和

沈敦和

2009 年，上海华山医院迎来百年华诞，院方宣布：经过多方查证，确定沈敦和是华山医院的创始人。当然，沈敦和对近代上海乃至近代中国的贡献远不止于此。但岁月沧桑，这位近代中国红十字运动奠基人，清末民初被称为“救苦救难之大元帅、救命军之大教主”，几乎被历史所遗忘。

沈敦和（1857—1920），字仲礼，出身于浙东宁波鄞县一个茶商世家，但至其父沈雄，则以儒进入官府，曾充通商大臣崇厚文案，随之办理五口通商事宜，后举家迁至上海。见多识广的沈雄注意使其子女接受新式教育，还请英人为沈敦和进行家教，及长又使之游学美、英等国。1876 年前后，沈敦和就学于英国剑桥大学法政科，一年后因奔父丧而回国。当时的中国在经历了太平天国起义后的短暂休整后，即将进入一个山雨欲来风满楼的动荡时期，西方势力的大举入侵及其应对成为这个古老国度的时代主题。这无疑为既具有良好的西方教育背景又有地域等社会资源的沈敦和提供了一个广阔的活动舞台。

回国之初，沈敦和担任“上海会审公廨谳员陈君之译员”。不久各种机遇即纷至沓来，1881 年，沈敦和因办理江宁美教士租地建房案，得到两江总督刘坤一赏识，从此进入仕途。

先是参与铺设电报线路、办学，而后任江南水师学堂提督、吴淞口自强军营务处总办，协助张之洞、刘坤一在宁、沪两地办理交涉、练兵各项洋务，并先后参与 1884 年中法之战与 1894 年中日甲午战争的后勤保障等事，特别是成功主持江南自强军编练而名噪一时。其间，他还编译了大量介绍西方各国概况与军事方面的书籍，成为清末西学东渐的重要人物。1899年8月，沈敦和被朝臣刚毅参劾去职，押往张家口军台戍边“赎罪”。不久义和团运动在北方风起云涌，排外主义甚嚣尘上。随后八国联军占据京津地区，又挥师西向，锋指燕晋之地，举国震惊。时在张家口的沈敦和挺身而出，用计两次退敌，时人称为其“舌战联军保全千百万民命”。为此“商民夹道跪迎者约七里之遥”，“群称沈君为塞上福星，朔方生佛”。其间，沈敦和被委为山西冀宁道、山西洋务局总办、山西大学堂监督等，力行新政而开晋中风气。1902年又被委为矿路总局提调、上海记名海关道、沪宁铁路总办等。但鉴于宦海凶险莫测，1903年后沈敦和转而从事企业与社会慈善活动。他先后创办和与人合办华安人寿险公司、四明银行、华商合群保险公司、同利制铁厂等企业，并连任上海总商会会董。还发起创办中国红十字会、黄埔救生善会、华洋义赈会等，担任上海济良分所总董、上海天足会会长。他长期担任四明公所董事，清末时与虞洽卿、严信厚等参与领导四明公所抗法斗争。1911年宁波旅沪同乡会成立时，他获得旅沪宁波同乡的一致拥戴，被推举为首任会长。成为当时旅沪宁波帮领袖人物，在旅沪宁波人中享有威望。沈敦和还是近代中国保险业的开拓者和著名的书画家，公余他以书画自娱，尤擅长于细笔山水画，所作仿古瓷器多次获万国赛会大奖。

沈敦和经历和参与了清末民初几乎所有的重要历史事件与重大活动，诸如输入西方文化、办理洋务与对外交涉以及编练新兵、兴办企业及办学、女子放足、赈灾等等，时人称其“不独为军界之干材，也是外交界、慈善家、企业界出类拔萃的人物”。

1904年3月3日，为救济日俄战争中的被难同胞，沈敦和与前四川川东道任锡汾、直隶候补道施则敬等20余人发起成立“东三省红十字普济善会”。不久为寻求国际合作，沈敦和又得到当时在传教士中极具影响力的李提摩太与英、德、美、法等四国驻上海领事、公共租界官员的支持，成立上海万国红十字会。

上海万国红十字会成立后，积极争取日俄双方的承认与朝野的支持，随后即开展救济工作，至当年6月已募款约20万两。到1906年初，被救济的难民总数达46万7千多人，其中受赈者20多万，受到中外舆论的广泛好评。

上海万国红十字会的成立标志着中国红十字会的诞生。此后如何实现由临时机构向常规性机构过渡并由地方慈善团体向全国性的红十字会转变，沈敦和同样发挥了关键的作用。1912年10月，在沈敦和的大力促成下，南北红十字会实现统一。沈敦和担任副会长兼常议会议长，实际主持会务工作。

其间沈敦和以恤兵博爱、救死扶伤、拯难济危为己任。从东三省红十字普济会到中国红十字会，作为实际会务主持人，他以上海为依托，积极开展会务活动，组织实施各类救援工作，其中又以灾难救济、医疗卫生、战地救护与国际救援四个方面的工作最为显著，取得了显著的人道主义效果，也有力地扩大了红十字运动在中国的影响。时人称“沈副会长办理会务，前后十六年，集款二百数十万元，分会一百四十余处，连年天灾人患，胥赖红十字会拯恤，虽有各善士慷慨乐输，但非沈公任劳任怨，曷克臻此？中国向无红十字会，日俄之战，东省人民惨遭兵祸，若非沈公首肯任事，当时红会又何由成立？是中国之有红十字会，实创自沈公也”。所谓天道自在人心，无疑这是对沈敦和的公正评价。

沈敦和1910年起长期担任上海商务总会会董，后又兼任商务公断处职员、外交委员会主任。任职期间，他积极为总商会会务与工商业的发展献计献策，特别是为总商会的对外交往发挥了重要作用。

（文/孙善根）

人物提示：

沈敦和（1866—1920），字仲礼，浙江宁波人。1907年、1908年上海商务总会议董，1914年、1916年上海总商会会董。

湖州丝业巨商杨信之

杨信之

杨信之，字兆鳌，浙江乌程（今湖州）菱湖人。1889年创办延昌恒丝厂，1908年，他时年60岁，在上海商务总会登记的企业是泰康祥丝号。1910年他和同乡发起成立江浙丝厂茧业总公所，任总董。此时，他也是上海丝业会馆会董、旅沪湖州会馆总董、旅沪湖州同乡会总董。

杨信之曾创办湖州旅沪公学，其目的为培养家乡子弟学习西方科技文化知识。1905年他积极参与沪杭铁路保路权运动。也曾资助侄子陈英士赴日留学，协助同盟会革命工作，并提供经费，后来上海光复，杨信之也有功劳。

杨信之与杨谱笙、陈其美的关系可以从杨谱笙幼年随父杨宜园居住在上海的三兄杨信之家说起，杨谱笙成年后在杨信之开办的康泰丝栈中工作。1903年，杨信之表侄陈其美放弃了在石门县（今桐乡市）当铺当学徒的工作，来到上海。杨信之把他安排到自己开办的丝栈中做助理会计，每天的工作主要是协助会计整理财务，因此空闲时间较多，而陈其美是学徒出身，生活上有陋习，其兄陈勤士怕影响杨氏生意，托请杨谱笙“就近督教之”。

当时的上海是国内学生爱国活动的中心，也是反清活动的中心。陈其美因表叔杨谱笙与杨信之让他接送表姑杨兆良去由蔡元培担任校长的上海爱国女校就读，陈其美与蔡元培得以结识。双方结下了深厚的友谊，共同表达了反清爱国的思想。陈其美后来在该校结识了于右任、张静江等人。在陈其美积极鼓吹的革命思想影响下，杨信之的思想发生了转变，逐渐拥护革命。在杨信之、杨谱笙及各方的努力和资助下，1906 年陈其美东渡日本开始接受西方资产阶级先进思想的洗礼，并在日本结识了孙中山、徐锡麟、秋瑾等革命志士。

1906 年，杨信之出资于创办了湖州旅沪公学，委任杨谱笙主持校政工作，校址设在他们的住所旁信昌里。该校办学的目的正如杨谱笙所说：表面虽是便利湖州旅沪同乡子弟求学读书，实则是传播革命思想，宣传同盟会宗旨，联络革命志士，后杨谱笙加入中国同盟会上海分会。1908 年，陈其美受同盟会总部的派遣中断学业从日本回到上海。1908—1911 年，陈其美一边在湖州旅沪公学任教，一边宣传革命思想、秘密组织和联络革命志士。杨信之冒着生命危险，把自己的寓所和湖州旅沪公学作为秘密联络机关，还为陈其美提供革命活动经费，而且把南洋华侨的捐款通过自己代理，指示由其儿子杨奎候经营的荷兰安达银行汇入，再转交于陈其美。陈其美在其表叔杨信之提供活动资金、住所的帮助下，于 1911 年 7 月 31 日，在上海湖州旅沪公学正式成立同盟会中部总会。在同盟会中部总会的策动下，于 1911 年 10 月 10 日晚打响了武昌起义的第一枪。武昌起义后取得革命的初步胜利，但由于兵力悬殊和帝国主义的干涉，武汉形势突变。陈其美和杨谱笙等人在杨信之的帮助下，利用其有利的背景，及时地了解武汉的形势，作出了光复上海的决定。杨信之帮助提供资金，提供贮存军火的场地，为陈其美光复上海做了先前的准备工作。在光复上海的过程中，陈其美被抓。杨信之又利用自己的身份、地位积极奔赴各地，召开会议，营救陈其美，最终取得光复上海的胜利。杨信之为上海的光复做出了贡献。中华民国成立后，杨信之被推为上海工商界发起的共和建设会干事。后又被国民政府聘为农商部顾问，授二等嘉禾勋章。这些荣誉也是对杨信之支持反清革命斗争活动的肯定。

杨信之乐善好施，在担任上海苏浙皖丝茧总公所总董时，他还一直兼任着上海华洋义赈会的会长。1922 年浙江西北部地区发生特大洪灾，受灾范围大，灾民多，为历史上所罕见，历时半年。当时已 75 岁高龄的杨信之发起成立了湖属水灾筹赈会，在《申报》等刊登捐启，开展募捐赈济工作，共筹捐到32565.26元，先后购米、衣分发各县，分送安吉的有米1000石、面粉700包、棉衣裤1800件、孩衣300件；分送孝丰的有米500石、面粉300包、棉衣裤1200件；分送吴兴的有米400石、棉衣裤900件；分送长兴的有米400石、棉衣裤900件；分送武康的有米400石、棉衣裤800件；分送德清的有米300石。杨信之嘱把捐出和募捐到的财物校检后，再送往灾区。上海距湖州较近，当时大批灾民涌入，沿街乞讨，杨信之又发动湖州旅沪公学的学生，上街设摊施粥，救济灾民。杨信之还创办义园公学，让流离失所的儿童免费入学，最多时，学生达一千六百多人。在他去世时，还留下遗命：命令儿子泰颐、泰华继续捐送钱财给上海贫儿院、孤儿院。

1923年2月23日，杨信之在上海病逝。第二天《申报》第四张首条就报道了杨信之逝世的消息。原文是湖州旅沪同乡会会长杨信之君，于昨午（二月二十三日）作古沪寓老垃圾桥北块本宅。闻君体素强健，偶然微恙，不及十日，竟溘然长逝，享寿七十有六。君由同乡举为旅沪同乡会会长，久业丝，故同业亦极推重，任为丝业领袖。生性慈善，慷慨好施，旅沪数十载，信用昭著，今忽逝世，闻者莫不悼惜云。著名学者章太炎（炳麟）也为其撰写了行状。灵柩后来归葬故里湖州道场浜，与道场山山顶建于三国的多宝塔遥遥相对。杨信之与大艺术家吴昌硕，大词人朱祖谋等交往过从，曾合创“九老会”。他的长女嫁于吴昌硕之子吴正茹，两家是姻亲。故而杨信之的墓碑及墓道两进牌楼上的对联，均为吴昌硕所书。七十年陵谷沧桑，虽经破坏，但墓穴与墓碑至今保存完整，惟两进牌楼石柱，现今见残联各一，一曰：“世泽永传清白吏”，一曰：“子孙守之为万世家”。墓碑与联语均为吴昌硕的篆书，弥足珍贵。作为爱国实业家的杨信之，他的墓已列为湖州市第一批市级文物保护点。

（文/文　舟）

人物提示:

杨信之（1848—1923），字兆鳌，浙江湖州人，1909年、1910年、1911年上海商务总会议董，1912年、1914年、1916年、1918年、1922年上海总商会议董。

“电气大王”祝大椿

祝大椿

祝大椿（1856—1926），字兰舫，1856年12月9日生，无锡南门外伯渎港人，近代实业家。父雪堂，曾任清军李鸿章部苏州觅渡桥驻军将领幕僚，祝大椿自幼随父居苏州乌鹊桥弄。父殁后，生活贫苦，家庭无力供其读书。16岁经人介绍，先后至无锡曹三房冶坊、上海大成五金号当学徒。在店中边钻研业务边补习文化。三年满师后，深谙五金经营业务。1885年前后，在上海开设源昌商号，专营进口煤、铁、五金，兼营拆卖旧轮船，出售旧机器、旧钢铁。由于精心经营，恪守商业信用，赢得不少外商的信赖，获利成倍增长。后又购置多艘轮船，兼营海轮运输业务，往来于新加坡、日本、上海之间。1898年，以银40万两，在苏州河畔开设上海第一家华商机器碾米厂——源昌机器碾米厂。日产大米二三千石，捐得花翎道衔，以亦官亦商的身份周旋中外商人之间。1900年前后，被英商聘为怡和洋行买办，经营房地产和航海业。1902年，投资40万两以50%股份与人合资创办当时上海最大的华兴机器面粉公司，日产“天官”牌面粉4800余包。次年，又向无锡茂新第一面粉厂投资4000两。1904年，以独资50万两创建有缫丝车335台的源昌机器缫丝厂。1906年，投资28万两以50%股份与人合资创办怡和源机器皮毛打包公司。同年，投资134万两以50%股份又与人合资创办拥有纱锭1.82万枚的公益机器纺织公司。此时，他对中国近代民族工业的总投资已有191万余两。因兴办实业有功，于1908年获二品顶戴衔，被清政府农工商部聘为顾问。同年升任怡和洋行总买办，并任上海英商电气电车公司和扬子保险公司买办，继续在上海投资开设源昌轧花厂、恒昌源纱厂和入股龙章造纸有限公司等。在苏州合资创建振兴电灯厂。1909 年，在无锡合资创办源康缫丝厂等。1913 年起，又以独资与合股的形式，先后创办无锡福昌缫丝厂、无锡惠元面粉厂、扬州振明电气公司、常州振生电气公司、溧阳振亨电气公司和南通振通电气公司，被誉为“电气大王”。至此他的总投资数已近 300 万元。连续获北洋政府二等、三等嘉禾奖。1916 年他任苏州总商会特别会董。1917 年 3 月，他与荣宗敬等发起成立华商纱厂联合会，并被推为临时议长。翌年，他被选为华商公团成员赴日本参加电气博览会。1921 年 12 月，在上海德安里建造市房 130 幢、里弄住宅 197 幢以及 6 座仓库房，经营出租业务。1923 年 6 月，被选为上海总商会民治委员会委员，又与周舜卿、蒋哲卿等人发起建立无锡旅沪同乡会。他在家乡与丁仲祐合资创办两所平民学校，于上海创设无锡旅沪公学，还将伯渎港故居改为大椿小学堂，获北洋政府所颁的“敬教劝学”匾额。他先后资助建造无锡通运桥、通汇桥和大椿桥。晚年笃信佛教，出资在无锡修葺龙光塔、保延寺、青山寺，在苏州捐巨资为西园罗汉像贴金，资助浙江普陀山险峻处装设铁栏杆等。1926 年 7 月 10 日，因车祸在沪去世。他在上海总商会任职 20 余年，留下了众多文化遗产，在上海市工商联编辑的《上海总商会议事录》，祝大椿的条目多达 285 条，最后一条是 1926 年 10 月 2 日，上海总商会开临时常会，显示了祝大椿去世的信息，同时他与另一位会董田时霖的商事公断处评议员职务递缺。

祝大椿在无锡有处故居，位于无锡南城门外的清名桥东侧，伯渎港 117 号—122 号。故居整个宅邸规模较大，部分建筑做工精致，是无锡清名桥历史街区保护和修复的最完整的清代名人故居，也是目前街区内的故居中规模最大的市级文物保护单位。祝大椿在无锡的这组房子，一半是祖产（一说是他夫人陈氏的家产），另一半是他在上海发迹后扩建的。具体说，主轴线上的四进是建于清代的老房子，均为面阔 3 间的硬山顶平房，其中第三进梁架做法奇特，上雕如意云纹，前有船篷形廊轩，后为双步廊，建筑艺术价值较高。主轴线两侧的房子都是后来扩建的，其中西侧有面阔三间、前后四进平房；东侧则为三开间两进、高两层的小转盘楼，其东北角的墙脚处至今还留有“祝士记界”的石刻界址碑，为无锡地方留下文化遗存。

（文/文　舟）

人物提示：

祝兰舫（1856—1926），名大椿，字兰舫，江苏无锡人。1902年上海商业会议公所议董，1905年、1906年、1907年、1909年、1910年、1911年上海商务总会议董，1912年、1914年上海总商会议董，1916年、1918年上海总商会会董。

严渔三与严修

严渔三

严修先生（1860—1929）是我国著名教育家，他创办南开系列学校，积极变革封建教育，倡导新式教育，是中国教育近代化进程中的先驱者。他慧眼识英才，为南开大学选了张伯苓这位好校长，且热心资助周恩来同志旅欧。1989年，全国政协七届二次会议通过议案，褒扬严修一生倡导新学的功绩和培育英才对祖国的贡献。

严修字范孙，祖籍在慈溪东乡费市（现属宁波市江北区庄桥街道），我国现存最古老的木结构建筑之一、国家重点文物保护单位保国寺就位于费市灵山（又名马鞍山、骠骑山）山腰幽谷中。费市严氏自始迁祖后的排行为：世元宝富，应士君之，孝友信义，智仁文慈。清顺康年间，费市严氏第六世严应翘以经商迁居天津卫，卜宅于西北城角文昌宫以西“四棵树”，为严氏迁津一支的始祖。严修的父亲严克宽自1870年起担任长芦总盐商长达十年，他与时任长芦盐务督销的严信厚相识，经过交谈并查看家谱，从而确定二人是族兄弟，尔后共同出资，在费市留车河畔建起宗祠。

严修与故乡的亲戚中，联系最为紧密的是族叔严信厚（1838—1906）及其子严子均（1872—1930，号义彬），还有一位是严子均的族兄严廷桢。严廷桢，字渔三（有时也写作渔珊、渔山），号辟庸，室名延秋室。是清光绪间诸生，担任过山西阳城知县。能诗善文，工书法。曾为灵隐寺写诗：“梵王宫殿郁嵯峨，历劫尘沙竟不磨。山色当门无限好，云林深处绿阴多。”后任宁波通久源纱厂经理、上海四明公所董事和上海商业会议公所、上海商务总会、上海商务公所、上海总商会书记长（坐办），著有《延秋室诗稿》，编有《江上题襟集》，辑有《上海商务总会历次奏案禀定详细章程》。严廷桢与严子均不是亲兄弟，却胜似亲兄弟。严子均的子女均称他为渔伯，其子严智多等在《严子均讣告》中提道："孰知不逾年而渔伯病，不逾年而渔伯死。先严与渔伯纵非期功之亲，自幼而壮而老，同学共事从未有一日间。爱敬真忱，逾于手足。至是先严则短叹长吁，终朝不豫。"严廷桢先于严子均病逝，时在20世纪20年代。

严修先生在贵州学政任满后，特意回故乡谒宗祠和扫墓。1898年3月10日，他由严子均陪同从上海乘船赴宁波时，严信厚和严渔三均来送行。严修第二次来宁波是在1910年。当年3月4日上午，他与子均、渔三在上海先参观商务印书馆和科学仪器馆，在渔三家里中餐后，从上海登宁绍江轮抵甬。严渔三与严子均陪同严修在费市先后拜谒了始祖墓、应翘公墓和严信厚墓，到宗祠祭祖，谒见族中长辈，与族人会食，并对族人之贫寒者，酌予资助。在甬还参观了光明烛皂公司、正大自来火公司、通久源纱厂、慈湖书院和清道观。严修与严廷桢相交甚笃，无话不谈。1917年4月严修先生到杭州桐庐参观严子陵祠和钓台，所作七言古体诗《登钓台》就写到此事："光绪初载丁戌间，吾父半百吾成童。浙有族父（筱舫阁学）宦畿辅，小长芦馆主人翁。二老相逢证谱牒，南北自此初沟通。……今日登高怀祖德，但有慨慕难希踪。此意难为外人道，可与言者惟吾宗。吾宗孰最可与言？慈湖渔隐字辟庸（原注云：辟庸，家渔三弟别号，先约同游，以事未果）。"

严渔三的《延秋室诗稿》(西泠印社1919年石印本）和《江上题襟集》（1919年印行）均由严修作序。《延秋室诗稿》刊有王一亭戊午（1918）所画渔山先生51岁小像，据此推算严廷桢出生于1868年前后。严修在序中提到：渔三诗或赋物以写怀，或咏事以见志，或禀经以厉俗，或思古而惆今。为人律身至严，接物至和，至于论人论事则是非皎然。严渔三所编《江上题襟集》共收录严修诗6首：登钓台1首、登富春山1首、湖滨茶楼

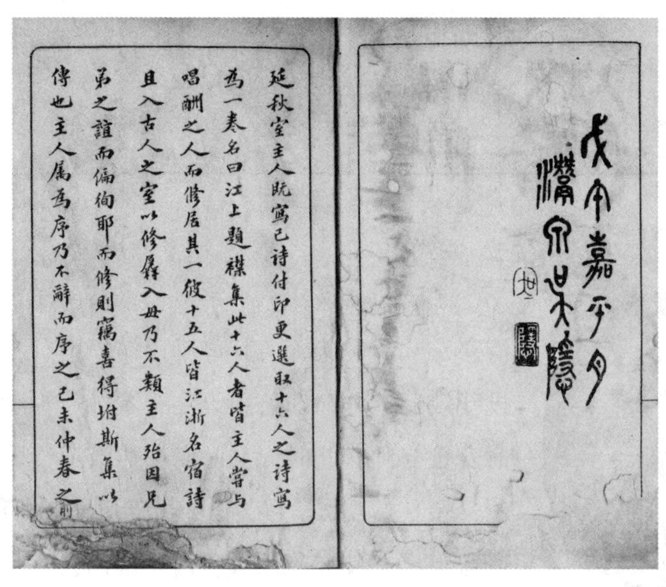
延秋室主人既寫已詩付印更選取十六人之詩寫
為一卷名曰江上題襟集此十六人者皆主人嘗與
唱酬之人而修居其一彼十五人皆江浙名宿詩
且入古人之室以修孱入毋乃不類主人殆因兄
弟之誼而偏徇耶而修則竊喜得坿斯集以
傳也主人屬為序乃不辭而序之己未仲春之月

严修《江上题襟集》序

1 首、雨后山行 1 首、津浦道中 2 首。严修序文为：“延秋室主人既写已诗付印，更选取十六人之诗写为一卷，名曰江上题襟集。此十六人者皆主人尝与唱酬之人，而修居其一。彼十五人皆江浙名宿，诗且入古人之室。以修孱入毋乃不类。主人殆因兄弟之谊而偏徇耶。而修则窃喜得附斯集以传也。主人属为序乃不辞而序之。已未（1919）仲春之月天津严修。”

（文 / 谢振声）

人物提示：

严渔三（1868？—1926？），名廷桢，号辟庸，浙江慈溪人。上海商业会议公所、上海商务总会、上海商务公所、上海总商会坐办（书记长）。

“三官菩萨”之一徐庆云

徐庆云

徐庆云名品伟，小字阿伟，慈溪洋墅镇人。家清寒，八龄丧父，由其母冯氏纺织度日。弱冠来申投新沙逊买办俞安德所设之福泰纱号为学徒，并拜俞安德为师。此时，上海商场洋泾浜英语占重要地位，徐专心致志学习英语，半年后即能与英人对话，普通英文文件亦能阅读。由于他的先生（师傅）为新沙逊买办，因此，伊时常与英人接触，与当时租界巨头之老公茂洋行大班 P.S 接触，得以与怡和、庚兴、台帷等各英、印洋行大班结交。伊与新沙逊大班尤为莫逆，渐渐进入洋行买办的社交圈。

清朝末年，徐氏除协助先生（师傅）经营印度进口棉纱外，并自营鸦片，获利甚丰。辛亥革命后，孙中山先生为临时大总统，时颁令禁烟，烟商人心惶惶，深恐蹈林则徐之毁土覆辙，徐氏为急于脱货求现起见，在望平街设立洋药公司，将土煎膏出售，手中存货售完后，即将洋药公司收歇。此时，徐氏已拥资数十万两矣。时俞安德已年迈退休，将福泰纱号让徐氏经营，徐氏在福泰后加庆记二字，称福泰庆记纱号。福泰庆记纱号由宁波钱商严康懋拼三股，俞安德之子福谦拼一股，徐氏得六股。此时，徐氏已财多善贾，声势日盛矣。

辛亥革命前夕，邮传部尚书盛宣怀，时去职居沪，深恐革命后盛氏之产业将不保。以华盛纱厂初为清西太后拨花粉币银 50 万两交盛氏设立，后因款不敷，改为商办，是厂才全部落入盛氏手中。此时为保产计乃将该厂向三井洋行押款 50 万两，并将该厂交三井洋行经营。后南北和议告成，由袁世凯执政，盛氏产业无没收之虞，乃思将该厂收回自办，而盛氏畏外人如虎，不敢当面折冲交涉，由其姨甥顾泳铨之推荐，言及徐氏与英人习熟，深知洋务。于是，盛氏面询以厂已入日人之手，如要收回，定有困难，意欲另设一厂，此厂放弃。徐氏答称：新设一厂固佳，但耗资绝不止 50 万两，为时须要二年。抵押有期限，到期取赎，理直气壮，如日人狡猾不肯交还，可延律师起诉，如上海不得直，可延日本律师至日本东京法院起诉，为时最多一年足矣。于是盛氏深嘉其言，当时责成顾泳铨及徐氏办理收回此厂，未及数月即将该厂收回，更名为英商三新纱厂（即申新九厂前身）。盛氏为酬谢起见，聘徐氏为营业顾问，月酬车马费 200 两。三新纱厂因现款周转不敷并由徐氏贷款，以栈房存货作抵。

同时，徐氏与盛氏合股设中和纱布号于天津路福绥里，由徐任经理，推销三新纱厂之纱布，抽货值百分之一为佣金。中和纱布号顾泳铨去世后即收歇。

此时，徐氏有此巨大靠山，经商愈形胆大，后马路之恒字头钱庄徐氏先后入股，宁波钱庄徐氏亦入股。至此，徐氏进入金融界矣。

徐氏经理福泰庆记纱号，其业务以进口 10 支印度纱为主，上海英商纱厂的产品为次。印度纱每件佣金为千分之五，因印度纱定价为罗比单位，须照外汇结算，对于外汇影响甚巨。上海外汇每日晨九时半由英商汇丰银行挂牌揭示，黄金价格与汇市息息相通，徐氏为求汇率之消息，乃设金号数家。至于市场之投机筹码为 0.978 成色标金，每至月终则根据汇丰挂牌汇率结算。因金业商会集会地点在二马路外滩华俄道胜银行内，加之外滩为各汇票掮客马车出没之地，消息灵通。此时，有益大纱号老板吴麟书，崇德纱号老板邵声涛及徐氏本人，此 3 人年岁相仿，声势相同，业务亦同，每日站立二马路外滩台湾银行门口，风雨无阻。此 3 人当时翻手为云、覆手为雨，声势浩大，垄断棉纱，操纵外汇及标金市场，故当时人们称之为“三官菩萨”。

1914 年，第一次世界大战骤起，上海为协约国势力范围。时欧战方酣，德国潜艇出没在大西洋、地中海。英人在印度所设之纱厂，产品不能运欧销售，上海为其推销的目的地。英人认徐氏为可靠之代理之一。于是各英商洋行如：新沙逊、老沙逊、老公茂、怡和及日商三井、日信等行，为徐氏日常必至之地，订货常保持数万件，以10支纱为最多，后为20支纱、32支纱、42支线等，并自印商标包牌数只，以便垄断。此时我国各乡间，因外纱倾销，手纺纱逐渐落伍。又因欧战后，欧洲工业产品多，存货高涨，国内添了无数发洋财者，再因各城镇地主、土豪纷设钱铺，各自印发行铜元票，通货筹码增加，改良手织机逐渐增多，故印纱推销甚易，价格亦因“三官菩萨”垄断操纵而步涨。当第一次世界大战正酣，各交战国币值狂跌，伊等在欧货已到之后，不即结汇，与各洋行商量约定一价格先行出货，再延迟一个时期认为满意时间再为结汇，往往又可获取巨额利润。第一次世界大战后期，协约国因战事关系，外汇虽一再贬值以维持金本位。于是各外商银行乃将近期汇票贬值，远期汇票牌价挂高，引起华人套利，吸收黄金、白银现货，以巩固其本身汇票。徐氏除本人之资金从事套利外，更代宁波钱庄套利，徐氏经手期间以多报少，获得甚丰。

徐氏经营外汇，用其精细算盘，往往利用中日、日美、美中等汇率辗转套利。协约国因搜购战略物资，需用白银付款，为平衡外汇起见乃将库存黄金输申。于是大量之美国盎司金、金美元、金先令、金日元等等，经徐氏之手再转售市场。

第一次世界大战结束后，协约国生产渐复，复以货物倾销中国。为巩固黄金库存起见乃高抬黄金价格。徐氏则收集黄金，以黄金换取外汇以求利润。此时徐氏拥资甚巨，号称千万矣。

1921年，上海交易所蜂起，纱布交易所应时产生，徐氏为副理事长。次年，大英银行上海设立分行，徐氏使其长子懋棠为买办。当时“三官菩萨”中之吴麟书开设统益纱厂，邵声涛开设崇信纱厂。徐氏亦不甘落后。时长丰面粉厂失慎，将附属之大丰纱厂廉价出售，徐氏以115万元购得，定资本为150万元，更名为大丰庆记纺织股份有限公司，从此徐氏进入实业界矣。然大丰纱厂不过耗其资金之一小部分。其余尚存巨额现金，于是徐氏每年3月底宴请全沪各行庄之负责人，放贷长期款，9月底则放贷定期款，期限为6个月，息公议，每家贷3万—5万两。如是，其大量现金由全沪金融界负担，可无虞倒账之损失。

第一次世界大战结束后，外商在我国销售工业品，先易黄金，后易白银，以充彼国库。于是上海钱业公会往往因有巨额解款由外商银行收入关系，日拆高至钱业最高限额，每千两须日拆七钱，往往至深宵不能解决时，则托人向徐氏求援助，徐氏必先推托，诿称须与外商银行协商，而外商银行必欲包息一个月或两个月，并须担保品，如：道契、货物栈单等。而公债及股票因外商银行拒收，徐氏亦拒绝收押。条件谈妥后，则由徐氏通电话至汇丰或麦加利大班处，半夜开库，以平息风浪。所谓半夜开库，不过出一保单而已，其实徐氏在上述二行有大量储金，如此，则徐氏名利兼收。诸如此项，年必数次。徐氏自经营大丰纱厂后，即不再经营进口棉纱，盖资力已雄厚，每年息金收入达数十万之多。

（文/杨星堃，原载《上海总商会的宁波人》）

人物提示：

徐庆云（1880—1931），名维训，浙江慈溪人。1922年、1924年上海总商会会董，1925年、1926年、1927年上海总商会会员。

徐庆云与“恒”字钱庄

徐庆云，字品伟，小名阿伟，浙江慈溪人。年轻时到上海福泰纱号学生意。福泰纱号的老板兼经理俞安德很器重他。认为徐的才干超过自己的儿子俞福谦，因此临死前将这家纱号归徐经营，并将福谦之女配给徐庆云的长子懋棠为妻。

第一次世界大战期间，徐庆云经营棉纱进口及套汇，赚了一些钱。1920年大英银行在上海开分行，找徐庆云做买办。徐庆云为了培养儿子懋棠，让儿子出面做买办，自己则每天到行办公。徐庆云进大英银行以后，曾开办大丰庆记纱厂。他拥有百分之九十以上的股份。属于其他董事、监事的股份不到百分之十。该厂的董事长是秦润卿。其他董事、监事有陈子壎、楼恂如、俞福谦等。

大英银行在上海业务范围很小，徐庆云在大英银行每天多半是做自己的事情，向国外为自己的大丰纱厂订购棉花，或做套汇。有时大英银行头寸多，则代向钱庄拆出。大英银行买办间的开支，每月由洋人拨一笔整数，由徐庆云分派。后该行于抗日战争初期歇业，并给麦加利银行。

徐庆云的先生俞安德是宁波人，与我家是邻居，我曾听俞安德次媳说，福泰纱号和盛杏荪的三新纱厂有关系。俞安德原在三新纱厂任职。福泰纱号经销三新纱厂的棉纱。我父亲陈子壎，那时在宁波开钱庄，到上海时常到福泰纱号，经俞安德介绍，认得了徐庆云，之后两人时有来往成为莫逆。1918年父亲来上海开设恒隆钱庄，向徐庆云兜（招募）股。徐庆云曾有信寄给我父亲说：“开钱庄徒有其名，不如开金号可以经营外汇来得实惠。”但是，结果他还是入了两股半。之后，他陆续投资恒赉、恒巽、寅泰、敦余四家钱庄。所占股份都不多，一般在一股至二股之间。总数不超过20万元。我估计，徐庆云对钱庄，诚如他信上说的兴趣不大。他所以投资这五家，看来还是应付人情。例如，恒隆是我父亲的关系。恒赍是我二哥的关系。恒巽的经理是俞佐庭。俞佐庭当时是宁波帮中的有名人物。寅泰的冯其仓、敦余的楼恂如都是跟他很有关系的人。同时，他看到这些钱庄的后台都很靠硬，如“恒”字三家的老板是宁波秦家，当时身价在他之上。

俞安德去世后，儿子俞福谦的资金也归徐庆云安排。我在恒隆时，看到徐经手为俞福谦放一笔内盘，约 10 万元。当时，钱庄没有定期存款，内盘实际上就是钱庄的定期存款，期限一般是 6 个月，多至一年。

徐庆云与钱庄发生关系后，在资金运用上很会取巧。我在恒隆时，约 1925 年以后的几年里，每逢农历年底的时候，银钱业放账全部收回，资金烂在库里。那时，他就来电话问，要不要推销头寸。此刻钱庄正求之不得，一般愿以往来拆息放给他，利率大概是千分之二。年年如此，后来知道，这是外商银行和华商银行的差别，外商银行以公历年度结算，钱庄则以农历年度结算，恰好相反，钱庄一般都缺头寸。利用这个机会，徐庆云从事于远近期汇划套利，只消一个月可得利润百分之十以上，仅凭这一手他可获利 10 万元。

徐庆云除福泰纱号外，后来开设福康金号，作为套汇工具，福康的经理叫俞守正，是金业中有名人物。据说：当时套汇方面，徐与俞是两个杰出人物。他们一听行市，不必打算盘，就可马上算出利润多少。我父亲说：徐的脑子里，天然有把算盘，后来，俞守正自己开金店了，福康由徐的女婿沈敏章当经理。沈敏章在纱布交易所设一经纪人字号。徐庆云除了福康金号之外，还有一家元盛永金号，也做套汇。经理是徐博泉。听我二哥说过：徐博泉的头寸，绝大多数变成外汇，手头有二三百元美金。徐的外汇很大一部分存在中国营业公司钟可澄那边。解放前钟可澄去了美国，后来听说他因投机失败自杀，徐的钱吃了倒账。

（文 / 陈春雩，原载《上海总商会的宁波人》）

创办中法大药房时期的黄楚九

黄楚九

黄楚九，浙江余姚人，生于1872年，自幼跟随其父行医为生，略谙医术。稍长，憧憬上海租界繁华景象，又作淘金之算。当时正值农村凋敝，民不聊生，少年黄楚九于清中叶来上海，开设黄楚九医寓，并兼卖眼药，自炫为“异授堂”祖传眼药，但限于资金，仅能少量经营。

黄楚九以行医为名，广交朋友。后结识一富孀，黄知道她有图高利愿望，向她借贷，并以此资金自制眼药，进行推销。开始时仅借一二百元，届期非但连本带利如数归还，且利息也较一般为高。因此逐渐取得信任，而借贷之数也渐增加。而黄楚九凭资金所自制之眼药，销售后获利也属不赀。不数年，已略有积蓄。黄遂将几年来出售眼药之所得，独资设立中法药房于法大马路（今金陵东路）。不一年由于业务发展，即迁往四马路（今福州路）湖北路口原时报馆附近。又经一年半，由于国内工商业发展，中法药房业务也日渐扩展。再迁至三马路（汉口路）湖北路蓝桥总会隔壁。由于资金所限，业务尚不能相应扩展，翌年便拆建房屋，凑集资金3000元，迁到香粉弄（南京东路以北），不久因股东间彼此利益不匀而形成倾轧。黄将其余不在职股东之股金，全部以低价转为己有。此时三马路房屋已翻建完毕，中法药房重行迁回。1907年黄楚九又将民园茶园全部盘下，这时已形成八开间转角门面，成为一爿大药房，雇用人数也已有7人。

然而，黄本人所有之验方已不能适应当时之需要，于是向华洋药房吴坤荣者觅得滋补剂处方一纸。黄见该处方效用普通，灵机一动，决定加工出品。开始时拟定名为补脑汁，后觉得国人有崇洋心理，就拟将药名加以洋化，但一时又考虑不出适当名称，于是索性将黄本人之姓译成英文Yellow后。再从英文直译为“艾罗”2字，冠在补脑汁之上，便成了“艾罗补脑汁”之名称。同时在招贴上印明Dr. T. C. Yellow。不知情的人皆认为Dr. T. C. Yellow是外国医药博士。其实T. C. Yellow是黄楚九本人之译名。黄为打开销路，不惜以大量资金刊登广告广为宣传。并提出人之结构“六脏六腑说”，认为“脑”也为一脏，挑战古代医药“五脏六腑说”，说健身必须健脑，推销艾罗补脑汁，并称艾罗补脑汁为健脑唯一之良药。消息不胫而走，当时仅中法药房门市部现金收入每日总在1000元左右。艾罗补脑汁之成分除五温糖之外其余皆为一般药物，利润奇厚，在1907年这一年中，黄本人三易其车，从铁轮包车到橡皮轮包车，再从橡皮轮包车跃升汽车。而当时能坐汽车者寥寥无几。因此黄一坐汽车后，加上其交际广泛，故在商界中崭露头角，这是其发迹之起始。

当时有华洋药房者，眼看艾罗补脑汁业务蒸蒸日上，而华洋药房吴坤荣也知道其中奥妙，与此相争，出品真正艾罗补脑汁。双方为利益计就进行互讼。最后由于黄之长袖善舞，交游广阔之关系，终于使华洋药房败诉，于是黄之声名益噪。

不数年，黄楚九因艾罗补脑汁之销行已有余力从事其他药物出品。适时国人对洋人鸦片输入麻醉人民已深恶痛绝。黄又研制戒烟丸。戒烟丸原料系用烟土做成。黄楚九先后凭艾罗补脑汁与戒烟丸两种药物而发展。至1911年辛亥革命后，黄楚九利用人民反帝心理而与日货仁丹争夺市场，发行人丹一药。而日商洋行也未肯轻易允诺。中法之人丹在市面上行销，硬称人丹是冒用仁丹之名，其实商标牌名完全不同，于是双方涉讼也即开始。结果凭黄在当时社会上的地位，向北平司法机关疏通，与日商之间取得了协议，在不影响各自利益前提下双方妥协，涉讼也就不了了之。

此时又值第一次世界大战开始，局势骤变。黄已有基础，但因平日交游开销，所余也属无几。于是积极联络中华书局董事长陆费伯鸿、神州旅社出资人秦鹤亭以及郑哉臣等人，向他们宣传药房业务利润之丰厚与可靠。陆费伯鸿等人见中法药房获利情景，又预见大战时进口药物必然减少，于是一拍即合，将中法药房转为大规模之股份有限公司，并在原址兴建新屋，当时造屋即达旧法币 6 万元之多。因此黄楚九在药业中无形之中已成一巨子。而当时也正系五洲药房谢瑞卿因招股未齐趋于搁浅之际，于是黄又拉实力派商务印书馆夏粹芳与中英药房陈烈清共同参加，而黄与夏之关系系通过艾罗补脑汁商标印刷而熟悉，至于与陈则系一般业务上同业关系而已。当时项松茂则尚系中英药房之账房，但办事相当干练，故当时项在五洲投资虽属不多，但陈烈清则极力主张推荐项松茂为五洲药房负责人。黄楚九当时雄心已早不止于药业，因此顺水推舟也同意项松茂主持五洲，而其本人积极向外发展。之后，黄楚九向外发展的诸多事业中，大世界成为家喻户晓的游乐场所，这是后话。

（文 / 曹厚哉，原载《上海总商会的宁波人》）

人物提示：

黄楚九（1872—1931），名承乾，浙江余姚人。1909 年、1911 年上海商务总会会员。1912 年上海总商会会员。1922 年、1924 年、1925 年、1926 年上海总商会会员，1928 年上海总商会会董。

父亲项松茂接办五洲大药房

项松茂

我的父亲项松茂是上海五洲大药房的创始人。他在上海及各地遍设五洲药房分店及联号，并设化学制药厂、制皂厂，在中国西药业中，“裒然为上海同业冠”。“一·二八”上海抗战，父亲两次冒险营救因参加抗日而被捕的11名店员，陷入日军之手，壮烈就义。他是一位爱国和乐业爱群的实业家。

父亲字松茂，名世澄，浙江鄞县人，1880年10月9日出生于宁波打网岙一个商人家庭。姐弟各二，幼年父教识字，后入塾读书。祖父锦三与伯祖父在杭州合营山货业，终年在外，家居甚少。祖母吴氏训诫有方，常教以“自奉宜俭。与人交先紧后宽，见人困乏宜存怜恤之心”。父亲幼承庭训，持身涉世。

祖父曾变卖自己资产以偿其兄之债，家道中衰，幸赖祖母之力，得保守祖遗房产。父亲14岁时辍学，由祖父携赴苏州挚友处，在阊门外正丰栈当学徒。拜栈主陆以庆为师。正丰栈专营皮毛骨和炼制牛油等原料，供应洋庄转运出口。由于父亲工作勤恳，生活刻苦，虽客居异地但不顾孤零，以微薄收入周恤老弱，并说：“立身处世只为满足个人生活，不为群众不为社会谋福利是可耻的。”父亲在业余之暇手不释卷，用功自学，业师重其德才，委以账务，倚为左右手。

我的舅公吴子琴，原侨居日本经商，熟悉西药。1894年上海邮政局办事员李厚桂集资创设中英药房，一年后请吴子琴出任经理。中英药房资本银1.2万两，是新兴西药业中的大型药房，直接向欧美日本等国订货，进口西药转售。1900 年祖父去世，吴子琴念我父亲少年有为，引荐进中英药房任会计。中英药房经营方式迥异老式行号。项氏在日常接触中，扩大了认识西方的眼界，业余学习英文，以增进知识。父亲办事认真，“遇事富具责任心”，而且无不“心细如发”，初露锋芒。

1904 年舅公吴子琴去世，舅公生前见父亲才华出众，当成大器，有意让父亲继其位。此值中英药房增资，父亲因募集拼凑股金不足，不得已由虞清元接任经理。虞清元派父亲赴汉口开设中英药房分店，并委以经理职。父亲在汉口独当一方，规划周详，信誉卓著，“业日以隆”，在同业中崭露头角。父亲的朋友中有交通银行卢鸿沧、四明银行陈如翔、《新闻报》宦应清和《汉报》高友唐等。父亲与高友唐结为金兰。1909 年汉口组织商会，卢鸿沧为会长，项氏经西药帮推举，被选为董事。

中法药房总经理黄楚九到汉口视察中法分店，联络同业，遂与我父交往渐密。两人攀谈西药业务，各抒己见，均有志于提倡国货，意气相投。父亲说：“中国人名曰营西药，其实乃代外人贩卖耳。此商战之所以不振，非自己能发明自制新药方可为病家谋幸福，为国家塞漏卮。”黄楚九对我父的见地，极为赞赏。

黄楚九好交游，在汉口与客商酒肉征逐，觥筹交错，酒酣耳热之余，又乘兴赌博，岂料竟负巨款。黄一时筹措不及，为顾全体面，秘商于我父。父亲慷慨解囊，代垫其款，不着痕迹。于是黄楚九嘉许我父有“应变之才”。回沪后，到处“逢人夸项（松茂）”，在中英药房总店后任总经理陈烈卿（镜如）和五洲药房大股东夏粹芳前，对我父的才智卓识，尤加揄扬。

1911 年夏季，夏粹芳专电邀聘我父为五洲药房经理，复经夏粹芳与黄楚九联名敦促来上海。夏粹芳系商务印书馆创始人，在中英药房有投资。1907 年夏粹芳与黄楚九、陈镜如及杭州广济医院药剂科毕业的谢瑞卿（雅堂）开设五洲药房于福州路，资本银万两，职工不足 30 人，谢瑞卿为经理。五洲药房以贩卖西药并配方和自制“人造自来血”等 7 种成药。由于谢暗谋私利，营业日衰，亏损累累，乃命退伙。谢引咎辞去，夏粹芳推重我父的才能，故请他来主持五洲药房，陈镜如称善。

父亲任职之初，抱定“勤俭”两字，先兴利除弊，将店中浮华陈设和贵重家具变卖，移充经营资金，又聘钱庄帮俞巨卿为副经理，取得金融上的支持。父亲身为表率，“事无巨细、必躬必亲，每至夜半始寝”。不久，五洲转衰为盛，资本增为规银1.5万两。五洲专辟制药部，成立“合药间”，广罗药学技术人才，负责调制药剂，又增订国外医药书刊和外国药典，增加了生产品种。同时，五洲药房所使用的地球商标和自制药品，呈请政府注册外，又分送日本、美国、法国、泰国等各国政府注册，以取得法律上的保护。

五洲药房营业蒸蒸日上，自制成药“人造自来血”由于选料讲究，品质优良，销售量由1911年的15210公升（大瓶400克，小瓶240克）至1913年上升为22013公升，升幅为44.73%，国外销售额约占20%。父亲洞察西药市场扩大，但操纵在外商之手，洋货侵入日益深广，国货成药难与抗衡。况且，一般合伙商店资力微弱，规模狭小，实不能适应。父亲与夏粹芳商定，联合发起将五洲改组为股份有限公司，预定资金总额为规银10万两。1915年实收股金4万两，正式宣告成立。夏筱芳（夏粹芳已遇刺其子出任）、黄楚九、项松茂、陈如翔、印锡章为董事，张蟾芬为监察。夏粹芳和项松茂两人为公司发起人，占享发起人红利。黄楚九享有永任董事和对“人造自来血”抽取销售回佣的特权。

项松茂接办五洲后，积极发展各种五洲研制发明的成药，不遗余力地开拓国内外市场，五洲产品在美国巴拿马世界博览会上获银质奖。1914年荣获荷属爪哇三宝垄授予的奖状。其主要产品“人造自来血”的销路连年上升，引起日本商界注目，同年日本东京大正博览会，将上海五洲药房出品的“人造自来血”等药品，陈列于日华贸易品参考馆内。五洲毗邻的德商普恩药局，影戤自来血商标品名，制成冒牌补血片发售。经涉讼德商普恩药局败诉。可见，五洲自产国货药品已博得显著声誉。

（文 / 项泽楠，原载《上海总商会的宁波人》）

人物提示：

项松茂（1880—1932），名世澄，浙江鄞县人。1912 年、1914 年、1916 年上海总商会会员。1927 年 5 月上海总商会临时委员会委员。

项松茂为抗日捐躯

1931 年“九一八”事变发生，全国人民同仇敌忾，五洲店厂全体职工义愤填膺。父亲的英文秘书邵芾棠撰文，公开指责当局的不抵抗政策，署名 F. D. ZAU，发表于上海英文《大美晚报》。全店职工投入抗日宣传，张贴传单标语，封存店内日货药品。父亲下令撤销辽宁省营口五洲分店。五洲厂全体职工捐出一天工资，援助东北抗日义勇军。

父亲参加上海抗日救国会，响应抵制日货，对日经济绝交，率先组织五洲厂职工编成义勇军一营，自任营长，聘请交通大学军事教官阮晓军来厂，于每日工后训练一小时以作抗日御侮的准备。父亲组织义勇军的消息在报上刊登后，即发现有东亚同文书院日本学生和便衣日人前来窥探。父亲的爱国抗日行动引起日本人对他的忌恨。父亲又应孙雪泥之邀，为上海生生美术公司印制“抗日月历”题词。他手书“煮豆燃萁，内争可耻”8 字，并由丰子恺作画，寓意于停止内战一致抗日的爱国深情。父亲以国家的危急为忧，又考虑到厂址处于“华界”，与法租界一浜之隔，为谋安全计，他与法文秘书林季璋商议，挽请马邱任我（马相伯之媳）向法国驻沪领事馆联系保护工厂事宜。经法国驻沪领事馆介绍，法国人麦彝出任五洲厂机器工程顾问，必要时驻厂保护和挂法国国旗。父亲视同事如家人，为稳定生产情绪和维持急难时职工的生活，特购备粮食储于厂内。北四川路五洲药房第二分店店员积极参加抗日活动，抄写标语和东北义勇军战斗消息，张贴在店内外，年轻店员加入义勇军与邮局职工一起，每天早晨在青云路场地进行军事训练。北四川路出现日本浪人捣毁中国商店，压制抗日活动。五洲二分店常有日人前来寻衅闹事，店员都严加防范，保卫商店。

1932 年“一·二八”淞沪抗战爆发，这天晚上，日军伤兵车辆驶过北四川路靶子路（现武进路）口五洲二分店时，受到我爱国志士枪击。次日上午，日本海军陆战队和浪人包围五洲二分店，砸开店门闯入搜查，在三楼发现藏有义勇军制服和宣传抗日资料，就把11名店员押上卡车，逮捕而去。父亲闻讯后，当天下午来到总公司，问明情况准备营救。此时被捕店员家属前来询问亲人下落，项氏心急如焚，即欲亲往分店。总店同事纷起劝阻，切勿冒生命危险。父亲严肃地说："我是公司总经理，有关11位同事的生命，居高位者岂可贪生苟安！我不去救，如何对全公司负责！"毅然乘车独往。途经银行公会，进去后就有人惊讶地对他说："你是抗日救国会委员，还不避风头！"父亲毫不动摇仍坚持前去。

父亲抵达分店时，交通已封锁。他下车走向店门，不料一名日兵上前打招呼，一看后才认出是万国商团的日商小山真一。父亲巧遇相识日人寄以莫大希望，以为营救有方。他由小山陪同进店察看，就请小山探问被捕店员下落，并设法帮助营救。小山允诺，相约次日在原地会晤，父亲离店返回。

当晚在厂中寓所，我父召集同事聚谈，报告十九路军胜利消息和调查第二分店同人踪迹情况。他说："今日前往调查尚无确息，拟明日再去，想决可设法找寻，君等在厂切勿恐慌。……我全家在此，亦不迁一物。……明日本厂照常开工。"还叮嘱制药部负责多制军用药品，供前方急需。

30日下午，父亲偕职员朱灿如再往二分店。车至北四川路海宁路时，街上戒严，朱灿如力劝折回，父亲却推门下车，凑巧相遇一位常有交往的芬兰木材商人，一同进入戒严区。此时，父亲已被日本便衣监视行至二分店前，未见小山，便衣尾随进店。父亲并不怀疑他，出示盖有私章的名片，要求保释被捕人员，派员看守商店并修理门牕。日人允可，父亲嘱朱灿如先回总店，派员同来，芬兰木材商人亦离，父亲则留店等候，朱灿如会同职员李祖荫来店，见店门关闭，欲夺门入，被日兵阻止，并说你们店主已去司令部了。朱、李两人在外高呼，讫无应者，遂回总店报告。《时报》号外以大字标题报道"项松茂失踪"消息，全市皆惊。

我们全家闻耗惊慌，我大哥项绳武（名隆勋），急偕朱灿如与舒蕙桢并挽请日人大掘喜常带引，深入战区探寻，数遇惊险，迄不得踪迹。31日，大哥与公共租界巡捕房恰妥，与日籍警探来到日本领事馆交涉。日籍警探单独进办公室，过了许久失望而出，并埋怨说："你父何故提倡抵制日货，组织义勇军，领事馆不得干涉军部，实无能为力。"大哥无可奈何，2月1日，大哥找到较有声望的日人桑野同去。日军声色俱厉，桑野频频鞠躬对答，汗流满面，十分紧张。桑野退出后，急忙拉着我大哥往外走，上车才说："日军查明你父是抗日委员、义勇军营长，店中藏军服，自己送上门来，已押送江湾司令部去了。"又说："方才军官问话，我不敢吐露你是项松茂的儿子，只说是五洲药房派来探听消息的人，否则将祸及于你。"后经各方调查，凶讯证实。父亲于30日被日军绑缚劫往日军俱乐部，次日清晨被押解江湾日本小学的日军军营。日酋审问："你为什么要抵制日货？为什么要组织义勇军？店内藏有军服，谁敢抗，杀无赦！"父亲直立愤然答："死则死，中国人爱中国，分也。且谁激之斥敌货者，尔我同种。不谋所共存乃以兵占我土地，屠杀我民众。噫！此亦岂尔福。……敌方一人闻而大动容，为缓颊，至于长跽。"日酋怒其言之激切。父亲于1月31日晨卒被惨杀，年52岁。11名店员同时遇难。那年我才9岁，家里发生的事我历历在目。母亲李秀瑛3天内急得头发尽白，一时精神失常。小弟泽荣7岁，因失父哀泣成病而夭亡。父亲与11名店员被害后，遍寻遗骸，一无所得，后以衣冠入棺安葬。

（文/项泽楠，原载《上海总商会的宁波人》）

贸易起家的叶鸿英

叶鸿英

叶鸿英，名逵，祖籍福建同安，但在上海商务总会、上海总商会历次会员表中，他籍贯一栏是江苏上海，或许是长期生活在上海的缘故，他填写籍贯为江苏上海。在上海总商会，他所填写的企业名与现有刊登的介绍他人物的资料“源润昌”“源来”“元兴行”也不完全一致，他填写的企业为“源昌号”“源昌”“源昌正”“福昌正号”。他代表的行业是东洋货业、日本洋货业，经营海味南北货。

叶鸿英生于1860年5月6日。7岁由厦门来沪。其父叶丽水在沪经商。叶鸿英14岁在其父经营的大昌杂货店当学徒。满师后，随父亲好友张尚德赴日本北海道经商，往来于北海道与长崎之间，采购海味杂货运往上海销售。贸易往来之间，叶鸿英勤学苦练，掌握了日语，熟悉了商情。在长崎开设丰记号，叶鸿英在丰记号任职员。受张尚德器重，派叶鸿英赴当时朝鲜的釜山、仁川、元山各埠扩大贸易，进展顺利。

1881年，叶鸿英离开丰记号，返回上海开设源润昌行。生意有了进展之后，又赴长崎、海参崴组织货源，扩充外贸业务。1889年，叶鸿英筹集巨资，开设源来号，经营进出口贸易，直接从日本进口海参、鲍鱼、鱼翅、干贝、虾米、海带等商品批发给“行家”（小型批发商），并经营出口木材、棉花、海蜇、金针、木耳等商品。叶鸿英从日本大批进货时，由上海的日本银行开出信用证，对方凭信用证办理货物出口并结算货款，有时是对方开来押汇，货到付款。当时进口商品的利润高达100%，出口商品的利润也有50%左右，源来号生意越做越大，资财越积越多。

1895 年，叶鸿英周游日本列岛，调查考察市场情况，在长崎、神户、横滨三地设源来号联号，进一步拓展业务。叶鸿英发现生粉在长崎销路不畅，但生粉在上海是畅销的热门货，就通过联号包销长崎一部分的生粉。日本长崎、神户、横滨的华侨甚多，华侨爱吃四川榨菜，叶鸿英即通过联号打开了四川榨菜在日本的销路。

1914 年第一次世界大战爆发后，源来号从日本源源进货，由于日元价格不断下跌，因此获得了更多的利润。1923 年，叶鸿英在大连开办升源机器油坊，就近采购东北大豆，又利用大连港海运销往国内外，因此在市场竞争中处于优势。翌年，叶鸿英被北洋政府农商部聘为名誉顾问。

1931 年，叶鸿英又在上海开设元兴行，并在香港设分号，由其长孙叶元和任经理，负责向南洋群岛开展贸易。初时专营进口印尼海味，继又进口南洋群岛土特产如栲皮、石花菜、胡椒、生粉、大米、食糖、檀香木等，出口布匹、绢丝等，还兼营南洋华侨来货代销业务，得到了南洋华侨的信赖。

叶鸿英靠经商起家，拥有巨资，在上海先后投资的工商企业有申大面粉厂、立大面粉厂、永豫纺织厂、荣大织布厂、永茂轧花厂、华商电气公司、华兴保险公司、华安保险公司、华成保险公司、源裕花行、源丰花行、源盛花行等；投资的金融企业有通和银行、正利银行、正大银行、正华银行、正义银行、国安信托公司、元大钱庄、福泰钱庄、信康钱庄、泰康钱庄、源安钱庄、明德钱庄、怡丰钱庄、晋德钱庄、瑞元钱庄等多家。

叶鸿英曾先后任北洋政府农商部名誉顾问、上海城厢总工程局议董、上海县总商会会董、红十字会、贫儿院、残废院、南洋慈善会等董事。热心地方公益，致力慈善事业。曾被推举为上海城厢总工程局议董、上海县总商会会董、公断处评议、泉漳会馆董事、东洋杂货业董事，以及红十字会、济生会、仁济堂、贫儿院、残废院、公立医院、广益中医院、南洋慈善会等慈善团体的董事。1937 年 2 月 17 日，因病在上海逝世，享年 77 岁。

叶鸿英作为民族实业家，在商界小有名气，但也难免会受到种种不幸遭遇。有一次在1928年，叶鸿英受到当局借故扣押。当初源来号从日本进口生粉，而生粉的实际产地是印尼，经日本转销我国，在我国销路颇广，市场上称为“东粉”。后来虽然改从印尼直接进口，但是账簿上仍习惯地写为东粉。这时正值抵制日货高潮后期，源来号被检查，当局借口倾销东洋货称叶鸿英是不法商人，把他逮捕，扣押在上海警备司令部，经过多方设法花巨款，才获释放。又一次是在1932年，叶鸿英三子叶荫三乘自备汽车出家门时，大门刚刚关上，突来持枪匪徒劫车，企图绑票，司机受惊，一时无法发动车机，而门内另一司机发现暴徒行动，鸣笛呼救，匪徒恼怒，遂即开枪将开车司机当场打死，仓皇逃走，叶鸿英安置一切善后事宜，所费不赀。

叶鸿英留给人们记忆的是他捐资的鸿英图书馆。1932年，原人文图书馆计划兴建馆所，扩充设备，需要资金40万元。黄炎培倡议，凡私人有能力捐助者，以捐助人之名命名此图书馆。叶鸿英参观后，他决定捐资50万元。中华人民共和国成立以后，鸿英图书馆史料部分并入北京图书馆，其余部分并入上海图书馆。

（文/文　舟）

人物提示：

叶鸿英（1860—1937），名叶逵，福建同安人，1909年、1910年、1911年上海商务总会议董，1912年、1914年、1916年、1918年上海总商会议董（会董）。

孙衡甫传略

孙衡甫名遵法。1875年3月28日，出生于浙江慈溪县半浦乡。幼年就读私塾，时读时辍。1906年在宁波某鸦片烟行学徒满师后，来上海仑余钱庄任账房。1909年，该钱庄歇业，遂转入升大钱庄当信房（专司各种文书信件往来等事务）。1910年，又转入浙江地方银行任营业主任，后提升为经理。因该行内部意见不协调，他无意久留。适逢四明银行营业不振而酝酿改组。1911年4月，孙应邀担任该行总经理。

四明银行成立于1908年，因经营不善历年亏损，以致股息无着，部分股东啧有烦言，1910年，沪市发生橡皮股票风潮，该行又深受冲击，几将濒临破产。且孙衡甫接任总经理后，先从内部整顿着手，健全组织，继则开展存放业务，并亲自外出招揽生意，通过辛勤经营元气渐苏，历年略有盈余，陆续抵偿积亏。1917年，开始发股息3厘，此后逐年增加，至1927年每年发股息一分，是年春又将陆续积存的余利项下，拨出归银75万两分发股东，四明银行经孙衡甫的整顿发展面目一新。1931年5月该行董事会改选，一致推孙任董事长兼总经理。同年四明银行向国民党政府财政、实业两部分别注册，进一步改革行务。四明银行在北洋政府时期本已取得钞票发行权，对开展业务带来了有利因素。但是孙衡甫扬言银行决不能因一时需要而

四明银行

增加钞票发行，又说：“争取存款不在于存款利率的高低，而在银行信用厚薄。”以表示该行经营作风之稳健，当时在上海的宁绍、广东等帮与印度商人纷纷把存款存入四明银行。存款总额由1926年的2000余万元激增至1930年的4000余万元，由于存款的迅猛上升，该行信誉也便越益提高，使该行开发的本票获得洋商仓库的同意可以提货。

孙衡甫将面临破产的四明银行挽救了过来，并取得了业务上的蓬勃发展，使该行成为上海14家著名银行之一，因此他本人也一跃成上海金融界的重要人物。孙在资金运用上较少用于支持民族工商业的发展，而侧重于购买公债和房地产。所拥房地产共值270余万元。他主持四明银行时，大权独揽，总分行人事安排上宁绍帮占绝对优势。其子孙祥簋系宁波分行经理。由于孙在工作上的冒进，以致四明银行后来吃了不少倒账。又因他投资于九六公债，使四明银行亏损甚多。在不景气时公债和房地产一时都无法兑现，遂使该行外强中干，为了对外缓和空气，避免四大家族对四明银行的觊觎，1935年5月，孙衡甫托病辞职，挽请叶琢堂代理该行总经理，孙仍担任董事长。叶辛劳逾年无法挽回困境，函请四明银行董事会请辞代总经理，仍由孙复任原职，但一筹莫展，四明银行从此走向下坡路。

孙衡甫与蒋介石、叶琢堂的关系至为密切。20年代初，叶在上海颇有势力，担任工部局华董，在国民革命军北伐前，蒋介石蛰居上海。巡捕房认为蒋是革命党人，欲予逮捕。蒋乃隐姓埋名，在叶琢堂掩护下，住在极司非而路（今万航渡路）孙衡甫的寓所。孙对蒋介石照顾倍至，无话不谈，遂结至交。蒋在孙寓隐蔽约三月后去广州投奔孙中山，后来出任黄埔军校校长。1927年，蒋介石率军北伐，驻节南昌，任命孙衡甫为北伐军经理部长（相当于现在的后勤部部长），这是个肥缺，意在报答孙衡甫，但孙婉言谢绝说自己只会做生意，不会当官。孙从事金融工作，始终不愿卷入政治旋涡。在宋子文任国民党政府财政部长时，曾邀请上海银行界头面人物，酝酿中央银行理事会名单，陈光甫、李馥荪、胡孟嘉等都亲自参加，而孙衡甫却借故不到，于是招致宋子文的不满。国民党政府实行法币政策，废两改元。财政部通知四明银行根据该行发行钞票总额提出十足准备，其中现金百分之六十，房地产债券百分之四十，孙衡甫显然力不从心。不得已亲往求见蒋介石，以期获得转圜余地。但财政部长孔祥熙坚持政府法令，不肯收回成命，且进而采用巧取豪夺手法，不断吸进四明银行发行的钞票，继而放出空气，造成四明银行柜面发生挤兑现象，形势严重，孙衡甫无力应付，孔、宋势力乘虚而入。1936 年冬，四明银行经股东会决议，增资减值，由财政部加入官股 366.25 万元将旧股按一五折减值，旧有商股计折合 33.75 万元，合计 400 万元，于是成为官商合办的商业银行。孙衡甫从此退出四明银行，成为失意寓公。

孙衡甫对地方公益事业颇为热心。独资在故乡兴建了半浦小学校舍，并修筑半浦乡长七华里的石板路及桥梁，与上海颜料巨商秦余庆堂各捐款 5 万元重建宁波市的老江桥，故深获地方上的好评。其私人投资的企业计有四明银行、成丰、益昌、恒隆、恒赉、信裕 5 家钱庄，童涵春国药号、穿山轮船公司、长兴煤矿、苏州电灯厂、宁波永跃电灯厂、泰州泰来面粉厂及汉口元泰五金号等 10 余家；其私人寓所有极司非而路和愚园路花园洋房两处，为一海上巨富。1944 年 1 月 24 日病殁愚园路寓所，终年 70 岁。

（文 / 莫基昌，原载《上海总商会的宁波人》）

人物提示：

孙衡甫（1875—1944），名遵法，浙江慈溪人。1912 年上海总商会会员。1920 年、1922 年、1926 年上海总商会会董。

邬志豪公子邬维庸

邬志豪

1925年成为上海总商会分帮会员的邬志豪是奉化西坞镇人。他早年离开家乡赴上海学裁缝，满师后独立开设衣庄，30岁时已拥有上海福建南路上的多数衣庄，人称“衣庄大王”。后又开设大盛福绸缎局、上海国货公司等企业。1925年五卅惨案爆发后，率先抵制日货，被推为南京路商会会长、上海各马路商界联合会会长。其间，邬活跃于许多公共场合，经常在报上发表爱国言论，在中小商人中有一定的影响力。1930年他发起筹办宁波实业银行，任总经理。抗战全面爆发后，转至香港经营绸缎业，1941年香港沦陷后，转至澳门。抗战胜利后重返香港寓所。曾筹组“苏浙旅港同乡会”，1946年病逝于香港寓所。

其子邬维庸1937年4月出生，早年随父母赴香港定居，后毕业于香港大学医学院，任伊利莎白医院内科医生。1968年至1969年赴英国伦敦皇家医学院深造。1975年起自设诊所执业。曾任香港医务委员会委员、香港医学会会长，致力于社会福利、医疗卫生、残疾康复、教育、就业等各项社会活动。邬维庸以医术精湛，尤其精于心脏科而闻名。他在精神病患者的康复工作方面卓有成效，创办新生精神康复会，任主席达30年之久。曾获英国OBE勋章。他还先后担任英国伦敦皇家医学院内科荣誉院士、香港私人执业专科医生协会创会会长、医学管理局董事、玛嘉烈医院管治委员会主席，并为香港浙江省同乡会联合会名誉会长。

从1985年开始，邬维庸相继担任香港特别行政区基本法起草委员会及咨询委员会委员等职。1992年后担任国务院及香港新华社港事顾问、香港特别行政区筹办委员会委员及预备委员会委员、行政主官推选委员会委员、回归纪念碑筹建委员会委员、香港特别行政区功勋委员会委员等，他还连续担任第九、十届全国人大代表。其间，他以爱国爱港的立场，拥护一国两制，积极参加香港基本法的草拟与落实工作，为香港顺利回归做了大量工作。

邬维庸还热心香港社会公益事业，为之倾注了很大的心血与精力。自2002年起出任社区投资共享基金的创会主席。当时香港正处于经济低迷及转型时期，港人感到彷徨失落。他非常担忧香港人过度注重物质消费，往往将物质与成功和地位挂钩，令价值观扭曲。为此社区投资共享基金因应当时的环境，注重人文关怀，为香港社会的发展重建奠定基础。基金在邬维庸的领导下，重于在民心、民情、价值及人际关系上推行移风易俗工程，倡导天生我才必有用的信念，以发掘、发展、发挥每个人的潜能为目标，打破对弱势群体的负面标签，协助社会上最失落的一群重燃希望。在香港这个重物质名利的社会中，鼓励以亲身参与去体验“施以受更为有福”的情操。其间，透过基金资助了116个不同规模的计划，推动了2700多个协作团体，令一万多受助者转化为助人义工，建立了200多个互助网，滋润了30多万参加者的生命历程。

2006年10月3日，邬维庸在香港病逝，享年69岁。对于邬维庸的离世，香港各界人士深切哀悼，并高度赞扬他一生为国家和香港的发展与进步所做的贡献。

（文/孙善根）

人物提示：

邬志豪（1883—1946），浙江奉化人。1923年、1925年、1926年、1927年上海总商会会员。1928年4月—1929年4月上海总商会常务委员。

木业大王朱吟江

朱吟江

一个清明节的早晨，细雨蒙蒙，一个蓝布短袄的小伙子正紧贴着里马路大街的墙壁行走，手里捏着回单簿，走到久记树行门前时，蓦地从楼窗口倒下一盆水来，只听得“啊哟”一声，正好给小伙子来一个“醍醐灌顶”。小伙子抬起头来，抹抹脸向上望去，但见楼窗口一个中年妇女双手还端着面盆发愣。这个小伙子就是后来成为上海商界名人、木业大王的朱吟江，在窗口倒水的是久记树行的老板娘。

老板娘以为雨天，街上行人稀少，向窗外随手倒水，谁料会有人紧靠着墙脚行走，等到发觉，大半盆子水已倾倒了下去。她眼见这小伙子湿得像落汤鸡的样子，心想他一定要冒火，正不知如何应付才好，这时朱吟江若无其事，早已回过头去伸伸脖子继续赶路。老板娘此时方才如梦初醒，连声高唤“小阿倌慢慢走……”，小伙子回头笑笑，还是往前走了。老板娘一口气冲下楼来奔向前去，一把将朱吟江拖了回来，向他连连道歉，朱吟江却毫不介意，反而说只怪自己走路不留心，与老板娘不相干。但在盛情难却之下，终于同意把泼湿的短袄脱下，换上老板娘大儿子的新棉袄，等晒干再来调换。老板娘见朱吟江为人厚道，不免问长问短，了解朱的凄凉身世。原来朱吟江是嘉定县人，幼年失恃，先在米店里打杂。14 岁时，朱父又弃世，米行歇业，因朱聪明伶俐，被东家荐到董家渡一家洋货号当学徒。这天，正送货回来，碰上此事。

两天后，朱吟江去调换短袄时，老板娘已经成竹在胸，非常诚恳地邀请朱转到久记树行来学生意，朱回洋货号与老板商量，洋货号老板同意让朱“过堂”，拜久记树行老板张子香为业师。

19 世纪末，国内铁路工矿开始发展，木材需要量大幅度增加，出现供不应求局面，由于国内森林资源未能开发，运输又多重困难，大量木材不得不从国外进口。此时的上海已辟为对外商埠，进口木材从上海港口转运，各路木业商号瞅准采购、销售等各种渠道的商机应运而生，但是国内木商对外采购木材大多资金短缺，且又缺乏与国外联系的经验。因此大宗贸易几乎全被英商祥泰木材公司及日商三井洋行所垄断。有鉴于此，朱吟江不甘落后，勤奋好学，自修国文和英文，不断积累业务知识，拓展业务范围，他执掌“久记”以后，毅然决策：一是改组久记树木行为股份有限公司，争取当时五金大王、宁波人叶澄衷投资，再吸收同行投资，增强资金实力，逐步发展做南洋硬木、美洲松木等进口业务。二是在南码头沿黄浦江购置土地 20 余亩，扩充木材仓库，创建机器锯木厂，减小劳动强度和劳动力成本，并创建久恒德火柴杆制造厂，利用木材下脚料产出火柴业必需的原料。三是利用英商怡和洋行与“久记”合作经营木材进口业务之际，由怡和洋行增设木材部，朱吟江任木材部买办，代理“久记”参加国内铁路工矿的投标，承包供应木材。四是与日本华侨何世錩、震升恒木行田时霖合作在日本创办“津田出张所”，直接开发北海道森林，以资取材，做铁路枕木生意。后因日本军国主义侵略中国，开采项目没能顺利继续下去。经过 10 年精心擘画，协助其业师张子香把“久记”经营得井井有条，发展迅速，资金日益雄厚，终于成为沪上唯一能与外商抗衡的木材业华商。当时，朱吟江有“木业大王”之称。

当然，张、朱两家的友谊也传为佳话。业师张子香极为赏识朱吟江的人品及才能，“以女妻之，但不幸早故，乃继之以二女，又故，复以三女归之”，也就是说将三个女儿都嫁与朱吟江，足见其业师对朱吟江倚重之深。

木材的用途广，不是现在才明白。清季的江浙两地，临江濒海，贸易繁盛，建筑兴隆，加之沪杭、沪宁修筑铁路，铺设铁轨需要大量的枕木，进口木材的需求量大完全可以理解。但是，与外商打交道打破了传统的交易模式。外商的交易模式是合约和预付金，本土传统的口头约定或字条凭据转换为合同文本，传统的货到付款和小额定金转换成部分预付款甚至货未到却全额付款。白花花的银两，数以亿计地流入外商的口袋，这当然有当局政治的原因，更有社会经济的原因，国内的木业商号怎能容忍？上海的木业商号与商人更不能容忍？他们痛感木材行业内外被抑迫，为挽救行业、提振精神，筹划设立专营进口木材的公所，即震巽木商公所。按现在的称法叫行业商会。1905年震巽木商公所创议成立，推举曹雨岑为总董，魏清涛为协董。1910年，曹雨岑病逝，该会公举久记木材公司经理朱吟江为总董，正式议定章程，并禀奉上海道县及英公廨，核准立案。随后，该公所募集资金，于1911年、1913年分别在闸北、老北门购置了两块地皮。两年以后，在老北门这块地皮上造起了一栋西式楼房，作为公所的办事处，具体位置在穿心弄西头的高墩街。震巽木商公所运行了10年，在呼吁改革同业公所的声浪中，于1925年8月，震巽木商公所改组为震巽木业公会，朱吟江继续当选总董。

（文/王昌范，原载《现代工商》2012年第5期）

人物提示：

朱吟江（1875—1955），名得传，江苏嘉定人。1909年上海商务总会会员，1912年、1914年、1918年、1922年上海总商会议董（会董）。

戴耕莘先生事略

戴耕莘

戴君耕莘原名芳达，浙江镇海人。生于1895年10月6日，卒于1956年10月2日，享年62岁。

1901年7岁在原籍延师设馆读。稍长，出沪进私立澄衷学校肄业，读至中学辍学，随父习为贾。1919年25岁父殁，即主自设利昌铁行事。

戴耕莘本营钢铁商业，自烟兑商人拥陈楚湘创立华成烟公司，陈楚湘邀戴耕莘加入。戴耕莘欣然投资，并协助一切兴建事宜。华成股东会成立，戴耕莘被推为董事会董事长。陈楚湘为常务董事兼总经理。时公元1924年君年30岁。是年戴耕莘被举上海总商会会董，以一青年人而当选，前此未有也。

华成创立在五四运动后5年。当时工人的政治觉悟已逐步提高，尤以烟厂工人在帝国主义独霸中国的英美烟厂曾二次罢工以反抗外人经济侵略中的压迫与剥削，工人有不愿为外人利用，挟其技能转入国人自建烟厂，甚或将历年劳动所得之储蓄投入自设烟厂作为股本，助长中国卷烟工业发展此功不可没也。

陈楚湘君之经营华成也，首重制造方面。在初期设备简陋，幸赖工友竭其智慧，制出精挺烟枝适合乎吸者口味，使大众知国人所设烟厂所制之卷烟并不亚于舶来品质，凡关于公司一切进展规模与戴耕莘共同研究，推销出品则由沈星德主之。初期出品为三旗牌、金鼠牌2种：三旗牌只销行于山东滕县一地；金鼠牌先发行于上海本埠，以“烟味好、价钱巧”，号召于世。吸者认为货真价实，群相购吸，由上海一地扩大至沪杭、沪宁二路交通线各埠，使帝国主义起而嫉妒，促使其爪牙诬蔑金鼠牌为金驼牌影射冒牌诉之于当日租界之会审公廨，要求赔偿并阻止发行。陈楚湘出而代表公司对簿，终以理直不屈胜诉。从此金鼠牌销路更盛，陈楚湘更与工友研究，又出美丽牌上级香烟，吸者尤为欢迎，公司成立不数年，营业蒸蒸日上，内容更为充实。1927 年自建宏大厂房于汇山路（即今霍山路）。翌年又建总公司于宁波路，东南各重要都市均分设代理推销。在杭州、汉口二地设分公司，更出富贵、芬芳、也是、月份、飞鹰多种香烟以供应各埠吸客之需要，以一筚路蓝缕之工厂转变为光辉灿烂之企业，公司之基础由此奠定矣。

1928 年 8 月，陈楚湘因积劳患神经衰弱之症，依据医师的诊断须长期休养，于是提出辞职。经董事会召集股东会决议，推戴耕莘兼总经理职，陈楚湘仍留常务董事，不时备咨询。

戴耕莘执事以后，承陈楚湘创业之成就，使企业之基础牢固，规模与日俱增，为持盈保泰之计，首以整理会计制度。改旧式账簿为新式簿记，延会计师每半年审核一次。复添雇人员，分工负责，健全组织系统，整理股份，保护股东权益。其他措施如扩建制造厂房屋，建置大连路仓库，1933 年设立天津分公司，1935 年设立南京分公司，在炎夏因制造厂工作场所酷热，有碍工人健康，特聘专家建置调节器，以减低热度。戴耕莘为专力掌握华成业务，1929 年秋将自设之利昌铁行停闭。1932 年秋间因关节肿痛，心脏扩大卧病数月，后虽复元，仍在殗殜，乃请于董事会，赴德疗养。1934 年 4 月出国，医治后顺道至美产烟地区视察种焙烟叶工场及贩卖市场于十月返国仍供旧职。

戴耕莘在职时新出品香烟如生生、三马、琴棋、三鲜等行销于需要地区，但均不及美丽、金鼠两种之畅销。在 1932 年期间华成出品几及全国，在东南几省穷乡僻野莫不有华成出品，金鼠牌在上海本埠占各种香烟销额之冠，美丽牌则国外亦有来函购办，足见华成香烟品质高，制造精，工友之劳动创造果实，更显而易见矣。其时独霸远东卷烟市场之英美烟公司闻而惊骇，威逼利诱，另眼相待。华成不为动也。当时华成在胶济路沿埠如谭家坊子，二十里堡已建置购叶场所，烟农欢迎国人收购，帝国主义独霸经济之势大挫矣。

1935 年 3 月戴耕莘以陈楚湘已恢复健康，在董事会提出请其担任董事长，每天驻公司办公，经一致通过，因此陈戴二君同在公司办事，萧规曹随相得益彰，然戴耕莘患胆囊发炎，体力不支，于 1937 年 5 月，坚辞总经理职务，由陈楚湘复任，陈楚湘仍推戴耕莘为董事长。

抗战时戴耕莘以身体衰弱不耐沪居，迁北京静养数月，1945 年日德之法西斯势力日趋没落，日寇欲占江宁路公司新厂为航空司令部，戴耕莘四处呼吁，日寇放弃原议，始得保全厂房。

胜利后国民党政府令上海所有卷烟厂在沦陷时期开设者一律停办，戴耕莘闻而赴渝力争，始允保留。卷烟工业公会成立，戴耕莘为计划一切，并促成烟厂团结，公举戴耕莘为理事长，1948 年辞职，赴港疗养。解放后人民政府成立，气象一新，戴耕莘欣然返沪，惟以年老体弱，居家休养，1955 年 10 月 20 日，公司合营成立大会，戴耕莘力疾出席，忽以肺癌致疾竟不起。

（文 / 华成，原载《上海总商会的宁波人》）

人物提示：

戴耕莘（1895—1956），名芳达，浙江镇海人。1924 年、1926 年上海总商会会董。

煤炭大王谢蘅牕

谢蘅牕

谢蘅牕名天锡。又名德丰，浙江鄞县梅墟人，乡人都称他谢德丰，1875年生。父亲是沙船船夫，早故，家境贫困。谢蘅牕十几岁来沪，在一家同益号门市煤店当学徒。满师后离店，进专做进出口的东庄商号“东升公司”当跑街。这个商号设有煤炭部，股东中有虞洽卿、袁子庄等人。

1905年，谢28岁，自设裕昌煤号于金隆街，后迁至北苏州河路自来水桥下堍，最后迁华侨银行原址——延安东路四川路。当时，裕昌仅是一家“铅皮字号”，没有啥资本，即使有一点，也是向亲朋筹借拼凑起来的。其时最帮他忙的是镇海人协昌泰记煤号主姚朝芳。

裕昌是批发字号，开始经营时，主要销售对象以门市店为主。煤的来源全是三井洋行来的日本煤，后来有一部分是日人霸占的我国抚顺煤。这部分的比重，随着日本国内工业的发展，在三井向我国进口煤中抚顺煤的比重越来越大。

三井对裕昌的销售条件，采用赊销办法，按提单之日起算，可一个月赊账，满一个月后，付10天期票，而销售对象，均可收现，甚至先收款，后交货。因之谢蘅牕手上经常有巨额煤款可资周转，裕昌等于做无本钱生意。三井煤炭部门大班、二班，先后有江原、田中、丰岛等，还有一个叫森格马利。谢蘅牕曾对我说过：“我向他们开口多少就得到多少。”裕昌实际上是三井的煤买办。上海当时进口货批发商批进货色，绝大多数是用赊销方式的。三井当然也可以自己直接向上海中外工厂销售，但是线头一多，开销反大，控制麻烦，他们宁可由中国人代为销售，省事。因此，三井的煤由裕昌独家经销。在1911年我进永昌学生意时，上海的煤约70%来自日本，谢蘅牕的起家发迹，就是从这里来的。

日俄战争时，谢已赚了不少钱。从1912年起，谢认识了京沪、沪杭两路局长任筱珊及其后任钟文耀，承揽了两路的用煤供应，1912—1922年整整10年，当时两路局的用煤量是京沪路年耗10万吨，沪杭路年耗5万吨，单从这两笔销售15万吨的业务上，谢的盈利格外丰厚。

除两路局外，谢的销售对象还有外国军舰。在第一次世界大战以前，军舰燃料，都是用煤，第一次世界大战以后改用油料。军舰用煤比路局用煤更严格，是不能丝毫马虎的。船到上海，就要添购，一般由本国驻沪领事馆介绍几家大煤商前去投标。谢本人不懂英文，但通过两路局材料处长某英国人代为出具介绍函，凭借"多年与两路局交往"这一条，就使谢争取到不少业务。当时煤业中刘鸿生还未露头角，军舰用煤想得到的人很少，所以竞争不大。谢卖给军舰煤的标价要比卖给路局煤的标价为高。谢派出翻译、助手各处打点，进行联络，生意很容易到手。从军舰生意这条线索，谢又取得了邮船用煤业务，以前邮船多数是法国的绿皮邮船，过境一次，须添补二三千吨煤，谢又承揽了这项业务。此外，南通的大生纱厂和上海的部分工厂、宁绍商轮公司、招商局等，谢承做部分业务，上海的中国工厂一天一天多起来，谢的生意随之扩展。

谢除独家承销三井的煤外，还在法商立兴洋行（其前身为华发洋行）做过进出口间买办10多年。立兴洋行经营鸿基无烟煤，为此专从本国运来一种萨拉门台大炉，专烧鸿基煤，备家庭取暖之用，在上海西侨的家庭、医院中，颇有销路。

第一次世界大战后，三井煤来源少，立兴洋行收来中兴煤、开滦煤，逐步在上海打开销路，谢的裕昌煤号业务步步下降。

1924—1925年前后，谢在青岛设裕昌分号，采办博山煤，以部分供应泊驻在渤海军港的美国军舰和当地纱厂，部分运沪销售。但博山煤矿规模小，运输转折多，资金周转慢，所以运沪销售，不能获利。谢为运煤来沪，曾聘请宁波小港李家的李祖茂为青岛裕昌经理，达4年之久。李家与张宗昌有渊源，张督鲁时，李祖茂任胶济路财务处长，是红极一时的人物。

此外，谢在宁波亦早设有裕昌煤号，销售对象为和丰纱厂、永耀电气公司、三北（即慈溪、镇海、余姚三县之北）小轮船、甬绍段铁路局等，销的都是日本煤。

除裕昌这块批发招牌外，谢另设有永昌煤号，1926年改称老永昌，专营门市为主。永昌地址在虹口有恒路桥堍，店屋是1912年谢盘进来的，供应对象绝大多数是外侨住家、医院。永昌雇用职工达100余人，排场之大，在门市同业中是少有的。永昌每年盈余不多，约可赚数千元。这点数目，谢是不在眼中的，主要是为了装点门面，壮大声势，使人看到自己手上既有批发号子，也有像样的门市号子，而且实际上他对永昌也加以利用。除了上面谈到的投标时，永昌可为裕昌打掩护外，它还经常开出远期的洋商银行支票，使谢在经济上得到周转。因永昌平时收入外侨主顾的支票甚多，以此得在外商银行开户往来，当裕昌需要用款项时，永昌就开出远期洋商银行支票向中国行庄抵现，于支票到期前再设法弥补。我1926—1931年在永昌当经理时，裕昌的俞哲甫经常奉谢命来叫我开远期支票。“老板有命，不能不依”，俞要我开多少金额，我总照办。

南京国民政府成立后，谢的老生意如两路局、外国军舰等早都没有了，他见到国民党抓招商局、三北公司等的军事“差轮”，去南京开了大陆煤号，专做“差轮”用煤，他通过兵站总监俞飞鹏的关系，做了二三年，每年有几万吨生意。

当时，大陆煤号供应“差轮”的煤，是从中兴煤矿公司赊购来的。原来国民党政府曾经借口中兴矿有北洋军阀投资，一度要没收它，由谢代向俞飞鹏疏解，打消了没收之举，所以中兴负责人钱新之答应谢先取煤后付款这样的优越条件。

抗战时，谢去重庆，情况不详。生活方面除自己负担外，估计靠各方面人供应他。1945 年抗战胜利，谢自渝返沪，曾拟重整旗鼓（他的一切事业，“八一三”后均无形停顿），在汉口、九江曾设有裕昌分号，打算从他当时仅有的投资企业——鄱乐煤矿运点煤出来，以资活动。该矿是他独资创办的，但因没有实力再投资，一向任其自生自灭。所以不到一年，终于因不出煤来，又归停顿。1946 年，他将鄱乐煤矿卖给宋子文，代价是 250 根大条。从此以后，他的事业才结束。

（文 / 潘以三，原载《上海总商会的宁波人》）

人物提示：

谢蘅牕（1875—1960），名天锡，鄞县人。1912 年上海总商会会员。1914 年、1916 年、1918 年、1922 年、1924 年、1926 年上海总商会会（议）董。

盛丕华的学徒生涯及早期活动

盛丕华

盛丕华1882年3月29日生，浙江慈溪人。丕华有兄弟姐妹六人，三个哥哥、两个姐姐和一个妹妹。全家靠父亲收入维持生计。盛丕华7岁时，父亲患病去世，家境窘迫，由长兄继承父业，进敦大北货号任职，挑起家中生活重担。母亲在家刺绣、打鞭线，以此补贴家用。就在盛丕华7岁那年，他进乡间私塾读书，起初学《三字经》《百家姓》《神童诗》等，后来又读了《大学》《中庸》《孟子》《论语》等四书五经。11岁，因七祖姑母的孙子（盛丕华表弟）已到上学年龄，专门请了一位秀才做家庭教师，他伴随表弟陪读。

七祖姑母家是上海宝成银楼的大股东。1895年盛丕华14岁，在母亲的请求下，丕华来到上海宝成银楼学生意。三年的学徒生活，主要是每天打扫店堂，整理账房、客堂，揩擦油灯烛台（当时城里还没有电灯），为买客倒茶、准备水烟筒，跑作坊，吃饭时为老板、客人盛饭等。在此期间，使他最有收获的有两件事：一是每天清晨，店门还没有打开时，专心致志地练习毛笔字，并持之以恒，为以后写得一手好字打下了基础；二是银楼每天营业进出的洋钱数以万枚，难免被好利者夹杂铜洋钱鱼目混珠，一般富有经验的行家听声音就能辨别真假，这在商业场中是一项重要的技术。盛丕华在空闲时就练习敲洋钱听其声音，经过二三个月的苦练，即使在一堆洋钱中混杂着一枚假的，也能被他识别出来，学会了辨别真假洋钱的本领。由于丕华勤奋好学、待人诚恳，深得老板信任。学徒期满，被老板派到新开张的新宝成银楼当账房助理，以后又转任庆大洋货号、大丰洋货号账房。

1898 年，盛丕华 17 岁时，正值戊戌变法，受新思潮的影响，他崇拜梁启超，用心阅读梁的文章，迷信立宪可以强国，从此关心国家大事。1911 年辛亥革命后丕华放弃了梁启超的立宪论，赞成孙中山的三民主义。曾上书孙中山表示景仰。在上海这个国际大都市中，丕华努力学习、刻苦钻研，积极参加社会上的各种活动，如反对清政府借外债修建苏杭甬铁路，要求国人自办修建江浙铁路的风潮、加入浙江旅沪学会及参与各类事务等。尤其值得一提的是在 1910 年至 1914 年，盛丕华做过三件在社会上引起很大反响的事，也使他在工商界有了知名度。可以说通过这三件事，为他立足上海滩，赢得同行的信任和尊敬奠定了坚实的基础。

第一件事发生在 1910 年，那年，上海爆发了震惊中外的橡胶股票风潮，起因是 20 世纪初，国际贸易橡胶供不应求，价格看好，英国人麦边于 1903 年在上海开设“蓝格志”拓殖公司，称他在马来半岛占有大批土地，种植了大量橡胶树，向国际募集股份。当时，许多外商银行承办以该类股票为抵押的贷款，引起中国商人纷纷倾囊争购，橡胶股票价格一路暴涨。上海钱庄亦大量收购囤积。时任上海道台的蔡乃煌也成为橡胶股票的大买主。至 1904 年，麦边等人迅速出货，抛清了手中的全部橡胶股票，外商银行闻知风声，也极力催索昔日之股票抵押贷款，拒做新增的股票押款。到 7 月中旬，得知麦边等人已卷款回国，外商银行立即宣布，停止一切橡胶股票押款。橡胶股票顿成废纸，上海钱庄损失惨重。至 7 月下旬，倒闭的上海钱庄，有正元、兆康、谦余、森源、元丰、会大、协大、晋大等 20 余家，受此牵累者更是不计其数。因此而自杀者近百人。当然上海道台蔡乃煌也损失惨重，他上奏朝廷，希望用国库款来还清亏欠公私款项。遭到丕华在报纸上撰文反对，他认为商人投机失败，欠外商银行的钱款岂能用国库款来偿还，他的观点赢得了公众舆论的共鸣，后来朝廷虽没有按照他的建议实行，但在社会上的反响很大。随后，他又深入调查研究，探索钱庄在运行中的种种利弊。1911 年 9 月 11 日至 13 日，丕华在《新闻报》上连载了《上海钱庄亟以改良图存》一文。他指出，“试一稽上海钱庄数十年来之状态，大抵苟且敷衍，因陋就简，惟孳孳焉图锱铢之利而未有为久远之计划者”。把钱庄“致败之道”总结为5个方面：即资本微薄，重拆票、轻存户，存款不定期，脱手滥放，做押款而不得精当等。他的这些分析从今天来看，还是相当正确和有价值的。

第二件事发生在1911年，是由于钱庄倒闭，欠款还债的案子。19世纪80年代末，时任上海洋行买办许春荣和其亲家——上海滩一巨商合办了余大、瑞达、志大、承大四家钱庄。到1910年，两亲家都已去世。钱庄由两家后代继承。1911年辛亥革命时，金融机构受到冲击，四家钱庄相继倒闭。存款问题引发纠纷，许春荣的后代委托盛丕华担任清理员。丕华在查账中发现许家存款甚多，而另一方却欠钱庄债款数十万两。但此巨商之子却自恃自己已加入葡萄牙国籍，受外国领事裁判权的保护，不予理睬。经丕华多次调解，此人坚不偿还欠款。于是盛丕华聘请了律师，把他告到在国内的葡萄牙领事馆，结果败诉；盛丕华没有气馁，他又写状纸，告到葡萄牙驻印度加尔各答大使馆，结果又败诉；盛丕华认为作为一个中国人，一定要把此官司打到底，中国人应该享有与外国人一样的平等权利，欠钱还钱，天经地义，妄图借外国享有的特权来赖账，绝对办不到。最后，他又把官司打到葡萄牙首都里斯本法院，终于获得了胜利，裁决应付清全部债务及其利息。盛丕华的这一举动获得了国人的赞赏和好评，对那些企图用加入外国国籍来达到逃避中国法律制裁者也是一个沉重打击，大长了中国人民的志气。

第三件事发生在1914年，称“甬兴轮”事件。事情的起因是宁绍轮船公司总经理擅自购买了该公司的一艘轮船“甬兴轮”，并把它出租给外商公司，每年收取30万银元的高额租费，坐享厚利。这激起了宁绍轮船公司全体股东的不满，但慑于总经理（他同时是宁绍轮船公司的创办人之一和大股东）的威势，只是在私下愤愤不平，敢怒而不敢言。时盛丕华任宁绍轮船公司的监察人，在股东大会上，他提出：一、向法院控告总经理，要求法院对甬兴轮进行扣押；二、迅速报告港务局，制止甬兴轮的过户手续。

后来很快地把甬兴轮收回了。虽然总经理握有大权，但在盛丕华的公正处理下，也不得不认错。随后总经理辞职，不久还退出了该公司。

通过这几件事，充分显示了盛丕华的正直和才干，他不畏强暴、公正诚信、办事认真等品质给工商界留下了深刻印象，也受到浙江南浔四大富商之一的张澹如（国民党元老张静江之胞弟）的信任、重用。此后常由张澹如出资，盛丕华出面经营各项商业活动。1920 年 7 月，上海证券物品交易所成立，盛丕华为常务理事。同年 8 月，上海总商会举行第五次会董选举大会，盛丕华当选为会董。从此为他更加广泛地接触上海滩上层工商界人士提供了有利条件，同时他的业务及各类知识也有长足的进步和飞跃，并积累了不少资金，渐渐地跻身于中产阶级的行列。

（文 / 王国民，原载《上海总商会的宁波人》）

人物提示：

盛丕华（1882—1961），原名沛华，浙江镇海人。1920 年上海总商会会董，1922 年上海总商会会员。

三友实业社创办初期的沈九成

19世纪的上海是五口通商城市之一。市面上洋货充斥，洋火、洋烟、洋油，甚至洋烛。洋烛具有清洁、光亮、耐燃、无烟的优点，使用起来比原有的油盏灯便利，很受国人喜爱，销路旺盛。外商白礼氏洋行、美孚洋行为利用中国的廉价劳动力，在华设厂制造洋烛，加快产销周转。这时制造洋烛的烛芯，完全依靠日商中桐洋行独家进口，经销很好。

1912年4月，上海南市高裕兴蜡烛店的账房沈九成，由于经营的关系，对蜡烛市场比较了解，看到这是千家万户的必需用品，生产设备、生产技术也不难，如果生产，肯定会赚钱。因此，他就约了同乡好友陈万运（又名陈遇宏），再由陈万运介绍他的姑夫沈启涌，每人出资银圆150元，集资了450元。他们三个朋友合起来办工场，就称为三友实业社。创办初期的三友实业社在北四川路横浜桥士庆路鼎兴里租下小屋5间，购买手摇烛芯车10台，开始制造洋烛的主要配套材料——烛芯。

生产烛芯的关键技术是调配浸炼烛芯的药液，如果药液成分配制不当，蜡烛点燃后烛芯余烬不易挥发而卷缩为黑色球状。这种质量不合格的烛芯，外商洋行是不会采用的。所以，烛芯的质量对新兴的三友实业社是发展的关键。好学的沈九成一面参阅了有关化学资料，遇到疑难不解处，虚心向美孚洋行化验室的专家请教；一面每晚把各外商生产的洋烛和用本厂烛芯制成的洋烛并列点燃，反复比较各洋烛的光度、耐燃度以及烛芯余烬的挥发清洁度，通宵达旦、静坐观火，沈九成熬了无数个不眠之夜。历经反复试验，不断改进配方，终于试制成功质量可与日货媲美的烛芯，接到了白礼氏洋行、美孚洋行的订单。

创办初期的三友实业社，人数不多，沈九成负责进料、销售以及研究产品质量，陈万运、沈启涌负责生产管理。招用职工有10余人。初期烛芯的商标定名为“金星”。当时，日商中桐洋行的烛芯每磅售价一元二角，为了争取市场，沈九成争取价格优势，打出金星牌烛芯每磅售价为九角六分，客户觉得金星牌烛芯质量也不差，市内各洋烛手工作坊乐意接受三友实业社生产的烛芯。

一年后，沈启涌因故拆股而去，运转资金也由450元改为300元，创始时的“三友”实际只存了“两友”。紧接着，陈万运之父陈律甫入股，三友实业社的资金一下从300元增加到2400元，但在厂名上加注了美记二字。

1914年第一次世界大战爆发，日商经营的烛芯居奇抬价，英美洋行所属各洋烛厂停止向日商进货，转向华人制造商三友实业社，沈九成见形势有利，在1915年3月进一步将资本扩充到8400元，把三友实业社（美记）改为三友实业社无限公司，在四川路横浜桥仁智里设立发行所，由沈祖康、马武扬负责营业，王雪荣担任推销。

由于业务发展迅速，资金再遇不敷应用，沈九成立即与股东商议，决定开始向外招股，同年12月16日，资本增加到3万元，三友实业社无限公司改为三友实业社股份有限公司，并成立了董事会，选举史悠凤、乐振葆、岑廷康、郑宜亭、王云甫、沈九成、陈万运为董事，推举史悠凤为第一任董事长，姜炳生、刘廷敝为监察，沈九成为总经理，陈万运为经理。

此时原有厂房已经不够使用，沈九成主张在横浜桥南面建造三层楼厂房。不久厂房建成。这栋厂房底层是烛芯编织车间，二楼是摇纱车间，三楼为烛芯成筒车间，并增添手摇烛芯车70台，工人扩增到100余人，这一时期，烛芯品种有3号、4号、5号、6号等，另外还利用烛芯车生产少量的灯带、棉纱绳等产品，订单的批次与批量日日增长，各类品种的日产量迅速增加，运载需用大车。此时，金星牌烛芯已取代了日本产的烛芯。三友实业社获利颇丰。

由于烛芯销售量猛增，手工生产远远不能满足要求，沈九成慕名赴杭州邀请有制造机械能力的张子廉、张子安来沪，共同研制电动烛芯车以及卷绕烛芯的球车，均试验成功。投产后，即增添电动烛芯车 16 台，电动烛芯成球车 2 台，产量增加 3 倍，最高日产量可达到五六百磅，三友实业社初露端倪。

烛芯业务产销两旺，发展迅速。1915 年除经营烛芯外，开始生产毛巾。当时沈九成看到日货“铁锚牌”毛巾行销市场，很受国人欢迎。而国产毛巾虽有生产，但质地粗糙，无法与日产毛巾竞争。对制造毛巾技术一无所知的沈九成，已过而立之年，他以热情与雄心，抱着入穴得子的决心，东渡日本，托人设法介绍到生产铁锚牌毛巾的工厂当小工，历时数月，强记制造毛巾的生产工艺及流程。

沈九成学习回国后，再到安徽合肥长临河洪远记毛巾厂考察，诚请该厂洪美甫老师傅带领织巾工 10 余人来上海，并招收熟练工人。同时，三友实业社购买单幅手拉木机 10 余台，开工试织一般毛巾。

三友实业社的毛巾以◬为商标，三角表示三友合作，圆圈象征风行全球。有了商标后，产销逐步发展，1917 年，三友实业社在沪东引翔港购地 26 亩余，第二年又在该处购地 6 亩余，共计 30 多亩，后来再购地扩大到 60 余亩，建造厂房 13 排，每排 14 间，总计 180 余间，2 层楼办公楼 5 幢，仓库 6 间，铜匠间平房 6 间。厂房木料全部为洋松，上覆西式大瓦，建筑结构很好。同年冬，新厂房正式竣工，遂将横浜桥老厂 16 台电动烛芯车以及其他附属设备迁入新厂，先行生产。1918 年，沈九成、陈万运为了发展业务，三友实业社再行增资。经董事会决议，向外招股 7 万元，资本总金额达到 10 万元。并扩大煮纱、漂炼设备，工人增加到二三百人。此时毛巾销路很好，由于住宿条件有限，人员增加较难，因此在嘉定城内租屋，设置木机百余台，开设工场，雇用当地女工生产毛巾。1919 年，又在川沙城厢设立工场，添置木机百余台，招收当地农妇来厂，早出晚归，膳宿自理。为了保证毛巾质量，三友实业厂把煮炼、上浆的棉纱，用船运到嘉定、川沙，织成毛巾后再运回总厂漂炼，每日产量约 500 余打。当时川沙分厂厂长是虞松涛，嘉定分厂厂长是康保书、韦福林，分别主持生产业务。

此时，总厂职工已有300余人，尚无系统组织，故聘请美国留学生郑祖廉为第一任厂长，张子廉为机械工程师，乐允章为总管（当时称之为领袖），张子安为铜匠间技术员。姜康耀为账务负责人，盛子钧为机务部负责人，陈祥林为总务部负责人，洪美甫为织巾部老师傅，后接替的是洪美海，蔡金奎为漂炼部老师傅，陆兆祥为经纱部老师傅，从此总厂各部负责人在厂长调度下有序生产。

1920年，总厂人事配备就绪，浆漂染色车间建筑相继完工，交付使用，规模初具。当时国产毛巾产量不多，质量不高，都不能与日货铁锚牌相竞争。就是三角牌毛巾已经采用新法漂炼，与铁锚牌毛巾对比尚有一定差距。沈九成和陈万运为提高质量，又批准总厂再添单幅毛巾机20台，手工摇纱机10余台，招收当地女工，专门精工试制。后来改进了经纬密度，调整了开口装置，反复研究漂炼工艺，终于研制出手感柔软、质地坚牢、毛圈整齐、白度亮度均可与日产铁锚牌毛巾媲美的三角牌毛巾。

此值“五四”爱国运动，国人抵制日货，提倡使用国货，再则，三角牌毛巾比铁锚牌毛巾价格低。不到两年，生产铁锚牌毛巾的瑞和厂被迫停歇，铁锚牌毛巾从此销声匿迹，自行退出了中国市场。这是三友实业社在当时实业救国中显示着一分力量，为旧中国工业争得了光彩。

（文/李道发，原载《上海总商会的宁波人》）

人物提示：

沈九成（1884—1963），又名沈嘉奎，浙江慈溪人。1918年上海总商会会员，1920年上海总商会会董，1922年、1925年上海总商会会员。

何积璠创办列丰洋行前后

何积璠生于公历1887年，鄞县西乡人。他以父业资本为基础，创办列丰洋行。他父亲何葆龄，字宏愉，早年创立何锦丰号呢绒西服店，开设在外虹桥下庄源大衖口。何锦丰号为何家起首第一店，创业几年后，储有外汇，径向英国定购呢绒。

自何锦丰号始，随后又陆续发展而开设分店。在南京路一带有何保丰、何衡丰、何怡丰、何兆丰等分店，所销的呢绒都由老店何锦丰拨付。由于销售网之扩大，向外定购进口呢绒也随之扩大。彼时何锦丰财源广进，殷实富足，店主何葆龄在家乡筑路修桥，做了不少善事，深得乡亲称赞。

由于生意关系，何葆龄经常要与外国人打交道，他能说简单的洋泾浜英语，但是希望自己的儿子能懂洋文，在事业上可以帮他一把。何积璠是何葆龄原配的独子。何葆龄送他进圣约翰学堂读书，学成后进某洋行工作，因此，洋行生意和业务往来他有些经验，亦了解向英国定货之程序，自有一套资本经营的方法。彼时，何积璠尚有父业二店，其一设在福建路之何长丰号，其二系投资二分之一，与其丈人翁某合开于四川路之新丰号。上述二店，何积璠遵循父命分给同父异母之兄弟所有。

何锦丰、何保丰、何衡丰、何怡丰、何兆丰等各店以何积璠先生父亲名分，论系属何大房。另有开在外虹桥下庄源大衖口之何勤丰号，开设在南京路之何瑞丰号，开在金陵路之何乾丰号，开在宁波江北岸地方何振丰号，此四店，其一属于何二房，至于二、三、四3爿店，不知系属于几房。总而言之，都是何氏一脉相传，并无他姓冒牌，若论何氏商店究竟怎样获得如此迅速发展，不知详情。唯闻何葆龄先生在青年时是一位既有技术又干练的“红帮裁缝”，在虹口外国人轮船到上海时，承接“生活”，还有葆龄师母辅助葆龄先生在工场中进行手工缝制西服而著名乃至起家。后来逐渐经营呢绒和外汇，生意越来越大。

何积璠当家时，与周围之父辈交往以及各店的经理和叔伯们，不论觌面或是背面，大都不呼其名（积璠），都以小老板或是何家小老板相称，此乃因何积璠系嫡出独子，对人听来不致误会。

中国人开办的第一家洋行

何积璠之开办列丰洋行，在 1906 年。他开办洋行具有有利因素，因有父业何锦丰号这爿老店，何锦丰号实际上早已具有一部分的洋行形式，只是缺少对外兜揽定货生意而已。他在开办初期并未做大事筹备，只是聘请他的一位英文教师，这位教师叫张嘉甫，张嘉甫如同“大班”兼作“大写”，写上几封英文信。再由他自己打信（英文打字），详明列丰招牌的行主何积璠就是 Ching Fing and Co（锦丰）号第二代，唯一的继承人。在列丰洋行开办之前，上海滩的洋行都是外国人开的，列丰洋行是中国人开办的第一家。起初，列丰洋行行址位于南京路何兆丰号后面一幢房屋，至于行员和什勤工都系何兆丰号人员兼之。列丰洋行联系的英伦厂商和机户，大多数系寄衣着用品货样来沪。

列丰洋行初期营业对象（客户）乃是何氏一门之店为基础，后逐步发展营业对象，也有何氏之外的店号。过后几年，列丰洋行营业基础牢固，已有相当扩大，遂迁行址于北京路煤业银行楼上。彼时，行方定货已有五金部门和洋什货部门，以至何氏华人开办之洋行获得“声誉日隆”。何积璠曾经自己编成英文电报密码，以便于中英商业定货联系。他本人亦曾亲自出国，到过英国伦敦，并在曼彻斯特设立列丰洋行驻英商务联络处。

彼时上海列丰洋行之各职行员已一应全备。1914 年第一次世界大战发生，列丰洋行定出各种洋货，客户一方于战时三四年之中都获得厚利。及至 1919 年第一次世界大战结束，彼时英汇先令由三先令几便士逐月放长到九先令几便士。彼时客户多数抱有投机发财企图，等待先令再期放长，不料到了是年九月后，先令竟猛缩。客户计算，如果以回缩之先令结定亏本数庞大，故还期待于先令再度回上。事与愿违，先令一再回缩，终至各客户竟多数不克履行定货契约，面向列丰洋行请情告穷者甚多。所幸列丰洋行行主何积璠先生敏感过人，以客户不愿结定之先令，不管回缩到六先令或五先令全部结定，准备以一己所拥有之资财，料之客户不来料理之定货残局。

列丰洋行收歇于 30 年代

由于以上事情发生之后，何积璠遂将父业所有之商店，几乎全部收歇，如何锦丰起首老店就归于经理乌某和其他店员合伙经营，并登报声明。再如福建路之何长丰原已分授为异母兄弟为业，经此先令回缩，若以一店之资财计，远不足以清偿，幸还有新丰号 1/2 的股份，代垫数万金料之。此后何长丰号归原经理何积璠堂叔何贵卿先和何积璠出资叔侄合开。至于列丰洋行料理客户倒账不理之定货，曾于 1920 年开设恒德批发字号，聘请王某为经理推销之。但何积璠先生在彼时虽将所有之分店几乎收歇殆尽，然而开店谋利之念仍有，并不悔心，只是羡慕新丰呢绒店经营有方，获利甚丰，并且“新丰”分开之店，也是获利甚丰，因新丰号经理原系他父亲的学徒，何积璠曾向新丰号经理当面表示，若以后再开设分店，愿投资合伙。果然，新丰号在河南路开第三家店，何积璠合股 1/2。但所开之第三分店，经营不佳，经过两换经理，始终不能获利，终于收歇。

此后，何积璠回心转意，无意求利，于 1930 年之后，将手创之列丰洋行收歇，从此即作了海上寓公。

（文 / 徐梅卿，原载《上海总商会的宁波人》）

人物提示：

何积璠（1887—1968），字文德，浙江鄞县人。1920 年、1922 年上海总商会会员，1924 年上海总商会会董，1925 年、1926 年、1927 年上海总商会会员。

会 员 篇

红帮裁缝王才运

王才运

上海第一家男式呢绒西服号“荣昌祥”创办于1910年。它的创办人叫王才运。王才运13岁时在其母亡故后，离开奉化家乡到上海谋生。先在一家杂货店学徒，后跟随其父学裁缝。其父王濬木早年曾东渡日本学习西服裁缝，手艺高超。1900年回国后，就在上海以裁缝为生。王才运自幼聪明机灵，在随父学艺时，看到开埠后的上海，各国洋人纷至沓来，笔挺的西装犹如一朵奇葩，在上海十里洋场耀眼夺目，同时又看到当时社会上的中式成衣铺和西服裁缝店都只是来料加工，纯属手工作坊，赚点糊口工钱还可以，要想发展困难重重。于是，在他年轻的心灵里萌生了发展西服业的志向。他设想从备料入手，改革当时的西服业经营模式。如果顾客来店，既可挑选喜欢的面料和里料，又能就地加工成衣，一定会感到方便。如果再配套供应西服附件，不但方便顾客，又能拓展经营，岂不两全其美。

王才运从“包袱裁缝”做起，带着面料样本，主动上门供顾客挑选，然后备料量体裁制。就这样经过几年的勤劳苦干，有了一点积蓄，便在浙江路天津路口的忆鑫里附近租了一间店面，开设了“王荣泰洋服店”。又经过几年的辛勤经营，王才运终于积累了一定的资本，在祖上远亲潘瑞璋的资助下，与族人王汝功、同乡张理3人合伙，于1910年，在南京路西藏路转角处（即现上海市第一百货商店所在处），创办起了上海第一家三层建筑8开间门面的男式呢绒西服号——荣昌祥呢绒西服号。经王才运精心设计，店的铺面辟为商场，装修得富丽堂皇，以零售呢绒和定制西服为主，兼营衬衫、羊毛衫、领带、硬领、领结、领带夹、袖口纽、呢帽、开普帽、吊袜带、皮鞋、皮鞋罩等，凡属与西服有联系的附件商品，一应俱全；二楼前半部经营呢绒批发，后半部设立裁剪间、配料间、工场间；三楼前半部为工场，后半部为职工宿舍。这是当时南京路上第一家规模最大、设施最完善的西服店，也是王才运梦寐以求的“西服业蓝图”。他先任协理，不久即被推任经理。

王才运开创了工贸合一、一条龙制作的西服生产流水线，大大提高了工作效率和服务质量，经营业务迅速发展，生意很快兴旺起来，职工人数达到100多人。从1916年开始，他独资经营荣昌祥，当时资产达10万银元之巨，成为上海商界颇有名气的西服商店。

王才运对取得的成就，并不满足，为西服行业的发展和品牌的提高不断进取。他博采众长，兼收并蓄，以适应国际上西服款式的变化，赶上新潮流。为此他不惜花费外汇，长期从英国采购西服样本，使荣昌祥的西服式样不断更新换代。另外还从日本、朝鲜、海参崴等地重金聘请出类拔萃的华工裁缝，进工场做生产指导。在制作上要求精工细作，讲究款式，注重质量。备货方面，通过怡和、孔士、元祥、石利洛等洋行向英国、意大利等国家的有名厂商定购新颖各色呢绒。由于备货充足，花色多样，许多居沪外侨都乐于光顾。有些外侨归国时，还定做一批西服带回去。因为荣昌祥的西服，不但面料好，做工考究，而且价格比国外便宜，在国内，南京、北京、天津、青岛、广州、厦门等各大城市的客商也都纷纷来沪订货。荣昌祥的牌子，越做名望越高。

“和气生财”是王才运的经商哲学。尽管荣昌祥的生意近悦远来，但王才运仍然严订店规8条悬挂在店堂明显处，要求职工共同遵守。规定职工要和颜悦色、礼貌待客、热情接待、尽心服务。即使生意不成，也要热情送客出门，决不允许与顾客顶嘴争论。如遇外国顾客，须用英语接待，对答如流。因此，荣昌祥的服务态度和服务质量也深得中外消费者的称赞。

辛亥革命后，孙中山先生曾在荣昌祥定制过几套西服，穿着满意。有一次，他带来一套日本陆军士官服，要求以士官服为基样，依照他亲自指示的意图，做出一套直翻领，有袋盖的四贴袋服装，并要求袋盖做成倒山形笔架式，称为“笔架盖”，象征革命要重用笔杆子（知识分子）。起初门襟做七粒纽扣，后来中山先生指示，把七粒纽扣改为五粒，象征五权宪法。服装制成后由中山先生试穿，认为式样简朴庄重，胜于西装，大为赞赏。后来即以这套服装定型，取名为“中山装”，荣昌祥便成为第一套中山装的诞生地。

王才运深知“功以才成，业由才广”的道理，所以他经商非常重视选用人才和培育人才，除了高薪引进外来人才之外，还注重就地培育人才。王才运对门生、学徒不但亲自传授西服专业知识，而且还聘请文化教师，在打烊后业余时间教授他们国文、英语、珠算、会计等课程。

王才运对学徒管教甚严。进店后一律先要到裁缝工场学习，学服装结构、裁剪技术、缝纫手艺等基础知识，再视学艺期间的表现、专长和能力，安排合乎他个性所长的工作。有些继续留在工场当工人，有些分配到门市部当营业员，有些分派做财会或管理工作，知人善任。凡分配在缝纫工场的学徒，先要进行拜师典礼，然后由技术师傅教学裁剪、缝纫、熨烫等工艺，使其掌握各种呢绒、绸缎、棉布、衬头等不同性能的质料，按质缝制熨烫，做到服装规格、款式不走样。最后经专人验收，不符合质量标准的要返工重做，并指导其在实践中提高水平。凡分配到门市部做营业员的，必须掌握量、算、试三项基本技能。所以，荣昌祥出身的学徒，不仅技艺精湛，在经营管理上也有一套过硬本领。先后离开荣昌祥去自立门户开店开厂的有 10 人之多。

“五卅”惨案后，王才运的爱国之心益坚，他发动商界开展抵制洋货，提倡国货的实业救国运动。荣昌祥呢绒多为英国货，为表爱国之心，他不惜数万金之岁入，毅然决定弃商归里。当时，王才运首先考虑到跟随他多年的门生和全体职工，要做好妥善的安排，经过再三深思熟虑，终于作出了一个明智的决策，把荣昌祥的全部资产进行盘点清算，以分红的方式，将 2/3 的资产分送给追随他多年的门生和职工。有人把分红所得去自立门户，也有人把所得留在荣昌祥成为合伙股东，其他人仍留在店内工作。由此荣昌祥又成了合伙企业，由他的门生、外甥女婿王宏卿担任经理，族侄王正甫任副经理，继续经营下去。

1926 年春，王才运携同家眷回到阔别 35 年的故乡奉化县江口镇王溆浦。他急公好义、乐善好施的性格，决定他不安心于安静休闲的生活。他把经商所得，用来为家乡创办各种社会公益事业。1931 年 7 月王才运突患脑溢血逝世，终年仅 53 岁。

（文 / 王嘉振，原载《上海总商会的宁波人》）

人物提示：

王才运（1879—1931），浙江奉化人。1918 年、1920 年、1922 年、1924 年、1926 年上海总商会会员。

九大酱园巨子张逸云

张逸云，名汝桂，字彝年，祖籍浙江镇海崇邱乡衙前村，1871年（清同治十年）出生于上海一个酱园业巨商家庭。

张逸云

张逸云家族发家是从其祖父开始的。他的祖父张梓林原是村里的一个清寒小商贩，在村头的渡口摆个小酒摊，靠小酒摊买卖维持生计。一天，上海江万兴酱园的老板江万兴渡河，在张梓林的小酒摊等候，不小心将一包银子遗在了酒摊上。张梓林虽然贫穷，为人却老实忠厚，平时做生意从不缺斤短两，在三乡五邻里口碑甚好。那天拾到江万兴遗失的银子后，张梓林没有装进自己的荷包，而是立即过渡追上去还给了江万兴。江万兴很是感动，遂带他到自己的酱园里学生意。由于张梓林手脚勤快，头脑灵活，得到江万兴赏识，不久，提拔他做了掌柜。

张梓林做了江万兴酱园的掌柜后，为感激江老板的知遇之恩，尽心尽责，将酱园经营得越来越红火，生意一天比一天好。江万兴因为没有子嗣，临终时，就立遗嘱将全部家业送给了张梓林。张梓林成了上海江万兴酱园的老板，先后在南市老城厢再开设了老同兴和张鼎兴两座酱园。

张梓林的儿子张梅仙继承家业后，张家的酱园业规模又扩大了。张梅仙在租界福建路新开了张崇新酱园，在新闸路新开了张振兴酱园。张梅仙与他的父亲张梓林不同，张梓林因是学徒出身，除做好生意赚更多的钱外，没有更多的奢求。张梅仙因是出生于酱园老板的有钱之家，在社会上交际时深深感到仅有钱是不够的，哪怕有很多很多的钱，有的东西是钱买不到的。他常为自己仅为一普通商人没有更多的社会地位而失落，感到缺失了一些什么。于是，他开始结交读书人，读书进学，并于咸丰年间考取贡生。这时的张梅仙更重视对子孙的教育了，花重金聘上海的有名老夫子老学究做家中私塾先生，教儿女们读书、习字、作文章。1867年（同治六年），张梅仙长子张昌年乡试中举，张家举家欢腾，家中儿女读书的劲头更大了，张家一时成了沪南有名的书香人家。

因为出生在这样一个书香气十足的大商贾之家，张逸云从小即在父亲和塾师的严格管教下刻苦读书。1893年（光绪十九年），张逸云果不负父望，参加乡试而中举，于是人们称张家"一门三举子"。在张逸云之前，他的大侄子张士模也乡试中举。张家顿时声名远扬，往来张家的读书人甚至比商人还多。

张逸云不仅会读书作诗写文章，由于自小即受商贾之家的影响，耳濡目染，也深谙做生意之道。从父亲手中继承部分家业后，因他善于经营，家业迅速发展。至辛亥革命前后，国内兴起"实业救国"，一大批有识之士纷纷创办实业，国内经济更趋繁荣。张逸云审时度势，把握时机，很快又新开办了万源新、万源慎、万康成、万康宏四家酱园。至20世纪20年代初，张逸云在上海已拥有江万兴、老同兴、张鼎兴、张崇新、张振兴、万源新、万源慎、万康成、万康宏九大酱园、数十家分店、近百家代销点、千余名职工，成为上海酱园业的巨商。

正如电视剧《天字号风云录》所描绘的场景那样，张逸云正在踌躇之中，他企业的职员王东园向他推荐吴蕴初。张逸云马上意识到，酱园业是经营调味品的，无论是酱油也好、麻油也好、豆瓣酱、甜面酱，作用都是调味，现在味之素也是调味，两者之间有联系，可以尝试。

在王东园的撮合下，第二天，吴蕴初和张逸云一起走进了聚丰园川菜馆。因为都是读书人，吴蕴初和张逸云一见面，即谈得十分投机。一个有技术苦于没有资金，一个有资金苦于没有技术，所以两人一拍即合，决定由张逸云出资银洋5000元负责经营管理，吴蕴初负责技术生产，创办中国的味之素生产厂，生产中国的味之素。

办工厂谈何容易！产品、工厂、商标都得有名称。吴蕴初便请张逸云为产品命名。张逸云说：“东西是你发明出来的，得由你取名。这也是你的权利。”吴蕴初不再推辞，想了一会说：“最香的香水叫香水精，最醉人的酒叫酒精，最甜的东西叫糖精。这东西是调味品，用那么一点点就够了，可谓是最鲜美的调味品，就叫‘味精’吧。”

张逸云觉得“味精”这名字取得好，味之精灵、味之精华也。“味精”既和日本人的味之素搅得上，有利于推销，又有别于味之素，避免剽窃之嫌。于是定下来了。吴蕴初请张逸云为工厂取名。张逸云饱读经书，满腹经纶，说：“《周礼》有曰：‘廛人一职，凡珍异之有滞者，敛而入于膳府。’唐诗亦有‘朱骑传红烛，天厨赐近臣’之佳句。再者，味精乃植物蛋白质所制，是素的，然有肉味，素食者最相宜。吃素之人当然信佛，要与佛教联系起来。佛在天上，珍奇美味只有天上有。味精是天宫厨师用的调味品啊，天上庖厨——天厨。”又微笑着对吴蕴初和王东园说：“厂名叫天厨味精厂如何？”王东园和吴蕴初称是。张逸云接着说：“厂名既叫天厨，商标也要与佛有关联才好，就叫‘佛手’吧。素食的信佛者爱不释手之意，此其一义；其二，佛手乃供佛之必备物，……佛手岂非巧手？巧手才能调出美味嘛。”吴蕴初的天厨味精厂便这样定名了。

（文 / 王昌范，原载《现代工商》2007 年第 7 期）

人物提示：

张逸云（1871—1933），名汝桂，字彝年，浙江镇海人。张崇新酱园主。1911 年上海商务总会会员。1916 年上海总商会会员。

穆藕初之兄穆湘瑶

穆湘瑶

穆湘瑶与穆湘玥是兄弟俩，穆湘玥即穆藕初。穆藕初留学美国，归国后，与兄穆湘瑶共建德大纱厂，一个任总经理、一个任经理。穆藕初翻译出版美国管理学者泰勒所著《科学管理法》，并将该管理法在厂内推行。后又创办上海厚生纱厂、郑州豫丰纱厂，兴办植棉试验场，著《植棉浅说》，致力于改良棉种和推广植棉事业。并出资抢救濒临灭绝的古老剧种——昆剧，培养出一代“传”字辈昆剧艺术人才。同时，又发起组织上海华商纱布交易所，被推为理事长，当选为上海总商会临时委员会执行委员。穆藕初的后裔整理编辑出版了《穆藕初先生文集》和《穆藕初先生年谱》，资料比较丰富。相比之下，穆湘瑶的资料少了，一度在中华职业教育社社史研究中被忽略。

穆湘瑶长穆湘玥2岁，1874年生于上海县城今大南门外。自幼聪颖，好学不怠。1901年秋考入南洋公学特科班，受教于蔡元培，与黄炎培是同班同学，这层关系是他日后成为中华职业教育社发起人的主要因素。1903年，那年是癸卯年，穆湘瑶赴南京应试，结果他考中癸卯恩科武举人。1905年10月，上海成立城厢内外总工程局，李平书任总董，穆湘瑶任议董。因为是武举人的背景，1906年上海裁撤印度巡捕（时称“红头阿三”），建立本国警察机构，穆湘瑶出任沪南警务长。这一年上海组织体操会，锻炼国民体魄，研习武课，穆湘瑶大有用武之地，发起组织沪学会体操部，后来体操会发展成为商团，沪学会体操部编入上海商团沪学会商团，穆湘瑶兼任该团司令。在辛亥光复上海时，穆湘瑶奉命率领团员、起义警士以及沪军巡防四营部分起义官兵，分道进攻上海道署、参署、守府署、县署及城门出入口。未经战斗，各城门高悬白旗，清吏出走，各署亲兵、练勇纷纷起义，上海城厢被革命军占领。穆湘瑶因此在沪军都督府成立时被任命为警察厅厅长。

1914 年，穆湘瑶与弟穆藕初在沪集资创办德大纱厂，1915 年 6 月，德大纱厂正式开工，所生产的“宝塔牌”棉纱，1917 年 6 月在北京商品陈列所举办的产品质量比赛会上名列第一，超过英、日棉纱，一时声名大噪。1921 年，穆湘瑶又与陈子馨等人集资 50 万元在杨思镇南街，租地 20 亩，创办恒大纱厂，所产“飞机牌”棉纱，行销国内外。第一次世界大战结束不久，欧美列强无暇东顾，日本厂商以雄厚资金和先进的纺织全能设备趁机在沪设厂。其时，华商纱厂仅有 20—21 支纱锭，日商欲垄断纺织品市场，压低 20—21 支粗纱的价格，使得华商产品成本提高，无利可图，无法与之竞争。德大纱厂也不例外，也深受其害，内外交迫，困难自不待言。德大纱厂于 1925 年 4 月售于申新公司，改称为申新五厂。恒大纱厂于 1928 年 10 月由陈子馨、何允梅、荣宗敬、李升伯等重新集资 200 万元，扩充土地 31 亩，向国外购进纺机 75 台，纱锭 21600 锭，职工增至 800 人，改名为恒大纱厂（隆记）。

穆湘瑶对于教育的比较关注，突出的是在 1915 年至 1917 年，他担任杨思乡经董期间，积极开办初级小学，提倡义务教育，免收贫家子女书杂费。学校经费，除由乡拨给以外，余数由他自己设法向工厂等单位赞助。他自拟教育办法 5 条，呈文上海县署，要求厉行普及教育。他对于职业教育的理解，有受蔡元培、黄炎培的影响，也有受其弟穆藕初的影响，最主要的是他自己的感悟，他们的德大纱厂需要手脑并用的技术人才，实践证明了职业教育的重要性。他非常赞同黄炎培提倡职业教育的观点，可以看出在 1917 年发起成立中华职业教育社的宣言书上穆湘瑶排列是比较前面的。他常年资助中华职业教育社和职业学校，因此，他又是特别社员。1926 年，他与穆藕初把母亲的寿银 2540 元悉数捐中华职业教育社百年基金。百年基金后来用于建造职教社大楼，穆湘瑶由董事会推举实际主其事。

穆湘瑶平生乐善好施，较为集中地表现在杨思乡。他曾提出疏浚杨淄溇（后称杨思港），第一次工程款耗银3000元，全部由他个人捐出并亲自主持工程。乡民看到好处，第二次工程改捞浅为挖深，他被公推为工程的总督。整个开河工程历时一年多，耗银10000多元，总计修筑大坝2座，小坝43座，削平河道障碍28处，深得地方官员、乡绅和乡民的赞誉。1921年，因为开办恒大纱厂，原料和成品需要运输进出的缘故，穆湘瑶与南汇人朱祥绂合组上南交通事务局，修筑上南路。该路自周家渡起，经杨思桥至周浦镇，全程12公里，能行驶长途汽车。现在的上南路已经拓宽延伸，纵论当初修筑上南路的艰难曲折、辛酸苦辣，穆湘瑶功不可没。穆湘瑶晚号“恕再”，据他本人意思：自己老了，为大家做不了事了，请宽恕再三。

穆湘瑶的思想新，意识超前，而且开明。有一件事不得不提：20世纪二三十年代，传统观念普遍存在，人去世，一般做法是安葬于棺材。火葬是新思想、开明的做法。穆湘瑶是当时为数不多火葬的名人之一。1937年1月31日上海《申报》刊登穆氏务滋堂署名的“报丧”启事，曰：“穆杼斋（湘瑶）因脑充血，虽用尽各种办法，均不能挽救，于1月30日去世。”另一则消息《沪南耆绅穆恕再昨逝世》：“1月31日午后于胶州路万国殡仪馆大殓，各方吊唁者有黄炎培、顾馨一、谭伯英等百余人。”说明黄炎培与穆湘瑶的关系非同一般。2月2日，穆湘瑶遗体火化，出殡执绋者500余人。上海的保卫团、各救火会等各界代表“均自动前往参加，故丧仪行列达一里有余，备极整齐严肃”。后来，穆湘瑶的骨灰深埋于成就他事业和他十分钟爱的浦东杨思。穆藕初先生在代表家属报告时说：“乃兄体质魁伟，精力过人，凡地方公益，无不亲服其劳。”对其兄的评论也最为精到：“生性急，好公义。”

（文/王昌范，原载《上海社讯》2006年第12期）

人物提示：

穆湘瑶（1874—1937），字杼斋，晚号恕再，江苏省上海县人。1919年8月加入上海总商会，1920年、1924年为上海总商会会员。

父亲方液仙及其殉难经过

方液仙

父亲方液仙，字传沆，浙江省镇海县人，生于1893年，是一位具有民族气节勇于独创的爱国实业家。世代经商，祖辈在沪、杭、甬及南浔等地开设的钱庄就有九裕（安裕、赓裕、敦裕、承裕等）、十三康（安康、瑞康、益康等），共达22家之多，并经营银楼、糖行、南货店、药材店等商业。父亲少年时代在上海中西书院读书，后从德国人窦伯烈学习化学，与吴蕴初、李润田为同学，对科学有深厚的兴趣。当时清政府腐败，工业落后，外敌觊觎，外国资本不断侵入，国人创业没有保障。眼看祖辈苦心经营的事业纷纷倒闭，最后仅幸存了几家钱庄，已面临家道中落的困境，忧心如焚，思绪万千，立志要闯出新路，兴办中国自己的工业，为实业救国而奋斗。我祖母是一位颇有远见的妇女，很支持父亲对科学的爱好，她不顾祖父的反对，把自己的私蓄一万元给父亲在家里设了一个实验室，以便把所学到知识进行科学实验，进而加以钻研。1912年，父亲19岁的时候，就在自己住处独资创办了中国化学工业社，开始时只带了几个工人和学徒，研制生产了三星牌牙粉、雪花膏、生发油、花露水、香水、香粉等化妆品。1920年，争取得到其叔公方季扬投资，总资本增加到5万元，改组为股份两合公司，扩大生产，与充斥上海市场的欧美货旁氏白玉霜、夏士莲雪花膏、林文烟花露水等化妆品相抗衡。1923年，中国化学工业社研制生产了我国首创的牙膏“三星牙膏”，这在国内市场上产生了极大的影响，引起了外商的注目，一时洋货大量倾销，对国货排挤倾轧，竞争激烈，因使中国化学工业社的产品销路遇到严重打击，造成连年亏损，面临一次次的危机。但父亲信心十足，抱着振兴实业的决心，一方面得到祖母全力资助，一方面是伟大的五四运动带来了全国提倡国货的浪潮，给民族工商业带来了生机，使资金几乎亏损殆尽的事业，又重新扶持振作起来。

1923年父亲还新建了一座专门生产“观音粉”“味生”“味母”三种商标的调味粉和酱油精的第二分厂，同当时的天厨味精厂联合一起，逐渐将日货“味の素”挤出了中国市场。1928年，再建第三分厂，专门制造“三星蚊香”，蚊香所用主要原料为除虫菊，当时全部采购自日本。父亲为抵制日货，不使权利外溢，确保三星蚊香的生产和竞争优势。一方面，聘请农学专家试种除虫菊，并到江、浙等农村去推广种植，以保证生产蚊香主要原料的来源；另一方面，对批发商采取每年端午发货，中秋结账的赊销优待办法，批发商受到鼓励纷纷挂起特约经销三星蚊香的广告，由此扩大了影响，打开了销路，销售网点遍及全市，充斥市场的日货野猪蚊香，几乎全被三星蚊香所代替。在1939年中国化学工业社建起了第四分厂，制造箭刀牌肥皂。箭刀肥皂的脂肪含量较英商祥茂肥皂要高，而含水量则较祥茂肥皂为低，因此它的质量超过了英商祥茂肥皂。“箭刀”原名“剪刀”，在商标注册时，英商中国肥皂厂借口他们已注册过这个商标，阻挠我们使用，企图达到扼杀箭刀肥皂投产行销的目的。中国化学工业社便毅然改用“箭刀”两字作为商标名称。箭刀牌肥皂后来居上，以优良的质量赢得了声誉。父亲一心致力于振兴中国工业，他还先后兴办了制药、化工原料、金属软管、玻璃、香料工厂等八个行业。到1938年，资本总额达到200万元。

“九一八”事变后中华民族遭到了严重的危机，全国人民的反日情绪空前高涨，抵制日货爱用国货已经成为人民的自觉行动。父亲爱国心切，联络了美亚绸厂、五和织造厂、鸿新布厂、华生电扇厂、中华珐琅厂、华福帽厂、亚光胶木厂、中华袜厂等9家较大的国货工厂，举办了“九厂国货临时联合商场”，于1932年“九一八”周年纪念日开幕。因为人心爱国，生意兴隆，大长了国货的志气，大灭了洋货的威风。在这基础上，父亲又于次年2月邀请热心人士带头发起在南京东路创办中国国货公司。同当时南京路上的推销环球百货，用舶来品招来顾客的永安、先施、新新、大新四大公司和丽华、惠罗公司相对峙。中国国货公司一面宣传："中国人应用中国货"，一面采用薄利多销，服务周到等经营方式，使营业不断发展而能立于不败之地。1937年5月又进一步联合国货公司各厂商向外地扩展业务，在上海办了中国国货联营公司，又在南京、郑州、西安、青岛、镇江、重庆、昆明、贵阳、桂林、汉口、成都、长沙等地先后设立了中国国货公司，对发展弱小的中国民族工商业发挥了积极的作用。

父亲投身抗日救国，尊重民族气节。为了救护抗御外侮而遭到杀伤的中华儿女，他曾冒着风险办过两次伤兵医院。一次是1932年，"一·二八"淞沪战争时，在中国化学工业社厂内办了一所伤兵医院。对救护十九路军伤病员起了很大作用。第二是"八一三"全民抗战时，在胶州路旧中国跑狗场办了一所伤兵医院，这次规模较大，聘请了著名外科倪葆春医师和其他不少医生、护士，又派了厂内几位职员专事联系和护送伤兵等工作。这就遭到日本帝国主义的嫉恨，被视为是对华侵略的绊脚石。

1939年南京汪伪政府成立，大汉奸陈公博派傅筱庵来劝诱我父亲出任伪实业部长。父亲以"不懂政治只会经商，当不来大官"为由严词拒绝，同时反劝傅要以晚节为重，并晓以大义。由此引起日伪大为恼怒，便对父亲施加威胁，恫吓信、警告信不断飞来。当时母亲很是担忧，劝说父亲快到国外去避避风头，未为我父亲采纳，认为只要深居简出，谅也奈何我不得。1940年7月25日上午，天气炎热，父亲憋在家里闷得慌，一心惦记着自己的事业，看看近几天没有什么动静，便想到附近厂里去看看，于是就带着自卫手枪，在保镖陈甫生的保卫下，乘上自备汽车出门，不料车行不远遭到突然袭击，一帮预先埋伏着的匪徒从路边窜了出来，拔出手枪先把汽车轮胎打毁，又把保镖击伤，继之父亲也遭枪伤倒地，遂被匪徒架到预先停在路侧的汽车上，便向越界筑路方向急驶而去。不久保镖伤愈出院，而我父亲却下落不明，至今尸骨未见。后经多方查实，才知道父亲遇害，是日伪策划的一件阴险毒辣的政治谋杀事件。他们指使汪伪特务李士群指控我父亲有“反汪”“策反”等言行，并下令由汪伪特工总部的76号将父亲绑架后杀害。父亲被害时年仅47岁。当时我才10岁，两个弟弟曾泽和曾规只有7岁和5岁，全家沉浸在恐怖和悲哀的气氛中。

70多年过去了，在中国共产党的领导下，祖国已从一个任人欺凌的落后国家成为百废俱兴，飞跃发展的社会主义大国。如今我已年近八十，弟弟曾泽和曾规定居海外，每当我们相聚一起，环顾祖国一片兴旺的景象，缅怀父亲一生爱国创业，不屈不挠的精神，就感到有无穷的力量。海内海外一条心，我们一定要在建设中国特色的社会主义伟大事业中，贡献自己的一切力量。

（文/方之雄，原载《上海总商会的宁波人》）

人物提示：

方液仙（1893—1940），字传沆，浙江镇海人。1924年、1925年、1926年、1927年会员。

虞和钦颂方液仙四十生日

虞和钦和方液仙二位先生同为镇海人氏。方液仙于1911年创办中国首家化妆品企业——中国化学工业社，尔后在1930年与虞和钦一起创办了中国最早的硫酸制造企业——开成造酸厂。二位先生均为祖国科技事业和民族工业的发展作出过重大贡献。

化学家虞和钦（1879—1944），字自勋，仕名铭新，镇海大碶（现属北仑区）人，1905年留学日本东京清华学校及帝国大学理科（化学科）。虞和钦对祖国科技、教育、文化事业作出许多开创性的贡献，如参与创办中国人自办的第一个科学仪器馆，主编《科学世界》。他最早向国内读者介绍了化学元素周期律，是我国第一位撰写中国地质文章的学者，也是替我国制订有机化合物系统名称的第一人。著名化学史家袁翰青院士曾提及："虞和钦先生是我国近代化学史上值得纪念的学者之一。"爱国实业家方液仙（1893—1940），字传沆，镇海骆驼柏墅方村人，是中国化学工业社的创办人，有"化工大王""国货大王"之称。

1930年4月28日，虞和钦和方液仙等创设的开成造酸公司呈请工商、军政部备案，该公司拟集资40万元，先办硫酸厂，次办硝酸、盐酸厂。地点在上海殷行地区，占地40余亩。开成造酸公司几经困折，通过几位创办人的不懈努力，加上甬籍企业家的大力支持，始克有成。项松茂、谢伯殳和林涤庵均投资开成造酸公司并任公司董事。1932年上海开成造酸厂投产，资本75万元，年产硫酸3400吨。另有四个小厂，共生产硫酸、盐酸、硝酸、醋酸1100余吨，曾编印过《开成造酸公司硫酸说明书》。该公司（后改为上海化工研究院实验厂）是我国最早制造硫酸的企业之一。1933年，虞和钦先生辞去开成公司经理职务后，由方液仙总负责。

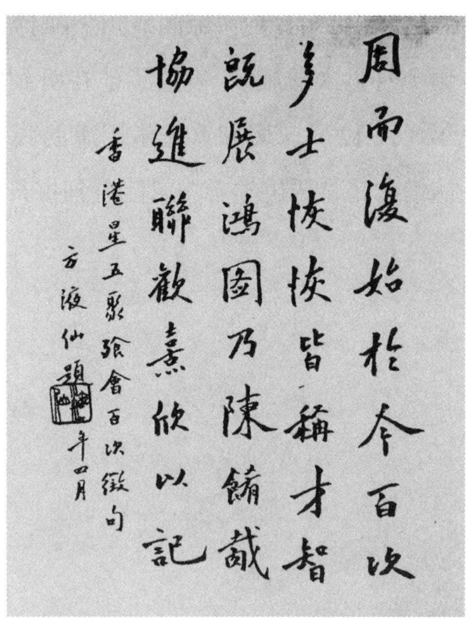

虞和钦颂方液仙：方液仙题词

上海开成造酸厂投产之时，恰逢方液仙40诞辰，虞和钦特意撰写《方液仙先生四十生日颂》以表祝贺。序中写道："镇海方氏，为邑巨室。液仙先生居盈守约，好学敏求。既习诗礼，又从德人窦柏莱游，遂为格致学者。以兴业裕国自任。设社制品，辛勤十载，乃克有成。复与其同志，创设开成厂制硫硝盐酸，肇新厂制镁钙盐，永盛厂薄荷，晶明厂琉璃，业日进，资日积。居闲兼好艺事，工射击。曾任万国商团队员以卫商。性又好施，尝立医院以济人。故其泽流市寰而业遍国内。壬申（1932年）秋日，为先生四十诞辰。佥曰年才强仕，而德业昭然，不可无述。乃属余为颂。"《方液仙先生四十生日颂》共有六节，其中第一节为："亹亹先生，席丰能约，菲躬简已，惟学自托，殚心致知，既勤且恪，言斲今轮宁弃古柏，学熙于明，道乃允廓。"

虞先生的颂词盛赞方液仙先生筚路蓝缕，历尽艰辛，潜心致力于中国化学工业社的创办和发展，为民族日用化学工业的发展作出了重要贡献；颂扬方液仙先生勤奋好学，文武双全，一身正气，乐善好施。并衷心祝愿年才强仕、德业昭然的方液仙先生取得更大成就。可是由于日寇入侵，积极兴办民族化工，抵制日货的爱国实业家方液仙先生遭到日本侵略者及汉奸的忌恨，宏图难展。1940年7月25日，方液仙在驱车外出时，被汪伪特务机关绑架杀害，年仅47岁就为国壮烈捐躯。日寇侵占上海时，虞和钦先生在上海蕴藻浜租屋退居，深居简出，隐于书、画、诗、琴中，曾撰"沪战杂诗"166首。1941年日军占领镇海，虞和钦先生闻知后写下《闻镇海陷口占》一诗："惊闻蛟川失韬钤，正值南天暑郁炎。双泪涔涔和汗下，顿令身世入酸咸。"表达了他在听到家乡被日寇侵陷后的悲愤心情。1944年8月12日，虞和钦先生因患肋膜炎在上海寓所病逝，享年66岁。令人惋惜的是，两位学者均未能看到抗日战争的胜利。

（文/谢振声）

陈布雷办《商报》的回忆及其他

陈布雷生于1890年12月26日，原名陈训恩，字彦及，号畏垒，浙江慈溪人。早年从塾师读书。1906—1911年在杭州浙江高等学校读书，对时事政治渐感兴趣。在学时，因为陈布雷的圆脸像一块面包，有一同学给他取了一个绰号叫“面包”。从此他以英文“面包”的汉语译音“布雷”作为他毕生的名字了。

陈布雷

毕业后，陈在上海戴季陶主编的著名的《天铎报》当了一段短时期的记者。1912—1920年，他断断续续在宁波、绍兴中学教书，其中1914年他父亲去世后，作为长子的陈布雷暂离教职，回家照料家务。

1920年他去上海商务印书馆参加编译《韦氏大学字典》。几个月后，他重操新闻职业，担任《商报》主编。在办《商报》的8年中，在他的回忆录里有所记载：

民国九年（1920）庚申，三十岁

汤节之君发起商报于上海，以资金久不集未出版，大哥及应季审君闻而为言于上海证券交易所赵林士先生等，出资助成之，设筹备所于宁波路，约余为编辑主任，自十月起开始筹备，以阳历一月一日正式出版，此为余正式任报馆工作第二期之开始，初出版时之编辑部同人，有潘公展、潘更生、邝逸尧、陈铁生诸人，大哥任总稽核。

民国十年（1921）辛酉，三十一岁

在商报任事数月后，觉邝、陈诸人思想太陈旧，对编辑方针不了解，颇苦之。

民国十一年（1922）壬戌，三十二岁

仍在商报馆任事，商报基础渐立，销行日广。余与公展、更生等夙夜孜孜，以充实内容、改良纸面为事，余每周撰评论五篇，星期日撰短评一篇（星期日社论栏载每周大事述评，公展主持之），自以学识寡陋，深自韬匿，社交宴会不常出席，即同业之间，亦鲜过从。故沪上报界罕有知商报编辑部系何人主持者。为鲁案直接交涉事，与中华新报反复辩难者约旬日，彼报主笔张一苇（季鸾）君许为论坛寂寞中突起之异军，转辗询问，始知余及公展之名，某日特往访谈，自此遂订交焉。

民国十二年（1923）癸亥，三十三岁

仍在商报馆任事。

是年曹锟进行贿选。

民国十三年（1924）甲子，三十四岁

仍在商报馆任事。

是年齐卢战起。

民国十四年（1925）乙丑，三十五岁

仍任商报馆事。

三月十二日中山先生病逝于北平。

民国十五年（1926）丙寅，三十六岁

仍在商报馆及通商银行两处任事。

是年，李征五辞经理，方椒柏、乌崖琴来协理。

民国十六年（1927）丁卯，三十七岁

时事新报及商报均约余任主笔。

至汉后任中央党部书记长。

十月仍由汉返上海。

他和潘公展等人协办《商报》，使该报成为上海的著名报纸之一。

那时正是政治大动荡的年代，陈布雷所写的文章，积极支持国民革命运动及其集中在广州的革命势力，引起了人们的注意。《商报》原来只是作为上海商界喉舌的报纸，但因为它密切注意时事，所以在学生和知识界中的声誉日益增高。1925 年孙逸仙逝世时，陈布雷写了一篇专文进行悼念。《商报》还十分关心北伐军的进展，并热心报道了国民革命军攻占武汉的消息。

1926 年，36 岁的陈布雷开始积极参加政治活动。他和潘公展一起去江西省会南昌，报道国民革命军的情况。当时蒋介石的临时总司令部设在南昌，蒋介石很欣赏陈布雷文笔流利的社论和《商报》对国民革命的大胆同情，因此邀请陈布雷留在南昌为他起草政治文件和宣言。于是陈布雷加入了国民党。

1927 年春，他在张人杰任内的浙江省政府短期工作。5 月，他去南京进入由胡汉民、丁惟汾、陈果夫主持的国民党中央党部秘书处。宁汉分裂后，陈布雷于 1928 年回上海任《时事新报》主编，为时达两年之久。同时，他继续协助蒋介石，两次陪蒋出行，并为蒋起草政府文件。

1930 年陈布雷在南京任教育部次长，1931 年任国民党中央宣传部次长，同时曾两次（一次在 1930 年，一次在 1932—1934 年）任浙江省教育委员。1934 年，陈布雷辞去浙江的职务去江西，成为蒋介石的随从人员，他在蒋的南昌行营任职，1935 年，他任委员长侍从室第二厅主任，他在这个岗位上作为蒋介石的心腹干了达 10 多年之久。

据陈布雷本人回忆，1934—1940 年间，是他著述最多的时期，他当时的文章，把中国的情况宣告国内外，提高蒋介石作为战时领袖的政治地位。由于中日关系恶化，陈布雷的责任更重了，蒋介石充分利用陈布雷的才能阐述国民党和国民政府的政策。1935 年初，陈布雷写了一篇题为《敌乎？友乎？》的文章，以此警告日本，它的扩张政策永远征服不了中国。这篇文章发表在《外交评论》上，笔名是徐大霖（徐是陈布雷手下的人，是徐树铮的儿子。徐树铮是亲日派要人段祺瑞的同伙人)。这篇文章促请日本从速决定与中国为友还是与中国为敌，而且提醒日本当局应该记住国民政府之反共超过反日，又提醒说国民政府必将在战争中日益增强。这篇文章的论点引起东京的文官政府的注意，他们认为可以通过中日协商，在反共和经济合作的基础上控制中国，并不需要非征服中国不可。但是日本军方人员，特别是在“满洲”的日本军人并不喜欢这篇文章，他们以在华北和内蒙古着手成立分裂的伪政权作为回应。

1936 年陈布雷任中央政治会议副秘书长，这是国民党和国民政府之间的一个联系机构。当年 12 月西安事变时，陈布雷所负责任更为重大。他辞去中央政治会议中的职务。1937 年 5 月他因患神经衰弱症，不得不辞去一切职务去杭州休养。7 月中日战争爆发后他再度在蒋介石那里工作。1938 年国民政府军事委员会在汉口扩大，张群任秘书长，陈布雷任副秘书长。陈布雷为蒋介石起草大量文件，并积极筹建三民主义青年团。

1938 年下半年，国民政府撤退到华西，陈布雷继续担任蒋介石的机要秘书，起草重要的政策声明和文告。1939 年在重庆成立最高国防委员会统理军政大事，陈布雷所任副秘书长，秘书长一职先后曾由张群、王宠惠担任。抗日战争时期的需要，以及 1945 年后国民党的政治处境恶化，用尽了陈布雷的心计。尤其使他深为关切的是共产党力量的增长和对蒋介石批评的加剧，他越来越感到他的才能全都白费了。1948 年 11 月 13 日，他服大量安眠药在南京了却余生，留有致其家属、致蒋介石及生前友好的遗书。1948 年 12 月葬在杭州郊区的一个风景区，那里曾是他准备退休后寓居的地方。

他 50 岁以前的自传见之于《陈布雷回忆录》一书，该书于 1939 年在上海出版。该回忆录系日记体裁，用陈布雷的手稿影印出版，书中还记载了有关当时的时局、机构和人物的丰富材料和见解。

陈布雷作为一个记者在现代中国报界中是非常出名的。他的兴趣在新闻界。他经常担任蒋介石的新闻秘书的角色，同时也是蒋的心腹助手。陈布雷具有保守、爱国、忠诚、服从、维护传统道德的品格。他把撰文的雄才同善于细心体察他上司蒋介石的思想感情很好结合起来。这些特点，又加上他的为人正直，使他在近代中国政治生活中占有一定的地位。

（文 / 文舟，原载《上海总商会的宁波人》）

人物提示：

陈布雷（1890—1948），字彦及，号畏垒，笔名布雷，浙江慈溪人。1926 年、1927 年上海总商会会员。

吕岳泉创办华安合群人寿保险公司

吕岳泉

吕岳泉，1877年12月9日出生于上海浦东一个贫苦农民家庭。父亲吕秀卿，生二子三女，吕岳泉为长子。吕岳泉幼时就读私塾，2年后即因家贫辍学。但他勤奋自学，刻苦钻修，殷勤请教，故虽无学历，对报章杂志及一般古籍均能阅览。平生最喜读之书为宋司马光所撰《资治通鉴》。吕岳泉18岁时，由他的伯父吕秀林携来上海。不久被荐至英商永年人寿保险公司，在加拿大籍业务经理马石的家中当侍应生。他秉性聪明，很快便学会日常应用英语，对人寿保险的知识亦略窥门径，尤其娴熟招揽业务的方法。有一天，马石向管事交代工作，管事听不懂马石的有些话，正在为难之际，吕岳泉在旁译了一句，马石大奇，就问吕岳泉是否懂英语，吕岳泉答略懂一二。又问吕岳泉懂人寿保险吗，吕岳泉即侃侃而谈。马石遂要吕岳泉当他的翻译和助手。后来觉得吕岳泉辅助得力，就介绍到英商永年人寿保险公司招徕营业。因吕岳泉成绩斐然，颇受马石的器重。其后英商永年人寿保险公司设立南京分公司，聘任吕岳泉为英商永年人寿保险公司南京分公司经理。吕岳泉从此踏进保险业，并以人身保险为他的终身职业。

当时，南京为清政府两江总督所在地。两江总督端方曾是清廷派往西方考察宪政的五大臣之一。吕岳泉由与他有八拜之交的夏月恒引荐得识端方。端方听说吕岳泉在人寿保险公司任职，颇感兴趣，即对吕岳泉说，他在美国考察宪政时，曾参观一家人寿保险公司，觉得规模宏大，资力雄厚，你少年英俊，才华过人，何不创办一家中国人自己办的人寿保险公司，我并愿赞助提倡。端方的这番话，使吕岳泉深受启发。

当时驻扎南京的清军第九镇统制徐绍桢是吕岳泉的好友，徐绍桢部下的青年军官亦多与吕岳泉有交往，其中颇多倾向革命，常假永年公司为议事之所，并介绍吕岳泉加入同盟会。吕岳泉受其影响，深感寄迹洋人篱下，个人收入虽丰，但权力外溢可惜，决心自办保险公司。

1911 年秋，辛亥革命成功，举国欢腾，气象更新。吕岳泉认为创办福国利民事业的时机已到。是年冬，吕岳泉趁从南京调回上海之机，毅然辞职，抛弃厚薪高位，筹备创立新公司。恰巧的是，1912 年春，徐绍桢也从南京卸任来沪，吕岳泉把创办华商寿险公司的意见，就商于徐绍桢，徐绍桢极表赞同。当即认股规银 1 万两。又得云南大理人、四川护理总督王人文（1863—1939）赞同支持，缴股金 2 万两。另募朱葆三、桑铁珊、顾棣三等入股，其中朱葆三是上海商务总会议董，桑铁珊后来是上海总商会会员，浙江山阴人，他们也投资参与华安人寿寿险公司，当时，这些人的投资，连同吕岳泉本人的投资，共筹集股款规银 20 万两。是年 6 月，华安合群保寿股份有限公司在上海黄浦滩（今中山东一路）30 号宣告成立。1912 年 7 月 1 日正式开业。至此，中国第一家历史最久，规模最大的纯粹华股组织的人寿保险专业公司诞生，吕岳泉功不可没。

经过吕岳泉一番辛勤耕耘，华安已名噪一时。1919 年的冬末，公司在上海一地的保户已到达 3.4 万户，吸纳资金 100 余万元。营业场所也已感局促，吕岳泉把它从外滩一处迁到居民稠集的江西路、新康路、北四川路三处，上海业务更加繁盛。吕岳泉审时度势，又把华安的业务推向国内其他大中城市——华北重镇北平、天津、石家庄、青岛、郑州、洛阳，江南富庶之地南京、杭州、苏州、宁波，沿海沿江通商的口岸广州、汉口、福建、厦门。这些地方都聚居着一些绅商和中等人家，华安都在当地开设了分支公司，这些城市的车站、码头，华安广告触目可及。一时投保户迅速增加到上万户以上，吸纳资金高达 200 万—300 万元。

随着市中心西移，上海静安寺路（今南京西路）日益繁华。吕岳泉决定在这里兴建一幢国内第一流欧美风格大厦。他投资白银 10 万两，请美国著名建筑师哈沙德设计，招标委托上海江裕记营造厂承建。1926 年 5 月，在静安寺路 104 号建成 8 层总公司新址，取名华安大厦，它以精美的构思，豪华的设施，轰动了上海滩。华安大厦第二层作办公用，底层出租，第三至第八层经营附属华安饭店。该大厦为当时该区域最高的建筑物，起了广告的作用，更促进了公司业务的发展。

1937 年抗日战争全面爆发，日军侵略，华北、华东相继沦陷。公司在当地分支机构全部停业，几乎陷于灭顶之灾。上海总公司虽栖身在租界“孤岛”之内，但四周日军大兵压境，营业也完全停顿。1939 年，吕岳泉把华安大厦租借给香港商人开设金门饭店，这就是“金门大饭店”称呼的原因。与此同时，广州、汉口、重庆等地分公司告急电函又频频飞至，相继停业。战火不仅随时夺走无数居民的生命和家庭幸福，还促使币值迅速跌落。原定的保户保费和公司的满期款和赔款，都因币值变化太快，根本无法计算。吕岳泉无奈只得下令关闭公司，期待抗战胜利，华安能够有机会东山再起。其间，日伪方面几次派人来拉他以所谓“优惠条件合作”重新开业，吕岳泉都斩钉截铁地拒绝。

吕岳泉苦苦支撑，终于等到抗战结束，岂料内战重开，国内通货膨胀，经济环境更是江河日下。他无法恢复公司营业，只好把广州、汉口等地房地产陆续出售，维持员工生存。1948 年冬，吕岳泉到香港后就患病不起，于 1953 年 11 月在香港寓所病逝。

1954 年末，华安按照国家财政部的有关规定，进行了清理工作，共有清偿价值户 8500 余户，金额值人民币 309.9 万元。其中登记要求领款的保户为 3300 余户，应偿付金额为 170 万元。此外，华安在汉口、南京的房地产及其他零星资产，陆续变卖抵交应上缴国库欠款。国外印度尼西亚分公司（即前雅加达和棉兰分公司）当时尚在营业，后也由中国人民保险公司与印尼方面磋商，于1961年12月8日以印尼币500万盾售给印尼，出售价款也上缴国库，抵充国内未登记清偿户的欠款。至此，曾经开创过中国近代寿险先河的华安公司结束了它的历史使命。

（文/赵 军）

人物提示：

吕岳泉（1877—1953），江苏南汇（今上海市浦东新区）人。1927年上海总商会会员。

“只有开、没有关”的企业大王刘鸿生

刘鸿生

在《上海总商会会员录》里，刘鸿生所填写的企业有“开滦矿局”“华商上海水泥公司”，其实他所创办的企业远远不止这2家。有人做过统计：自1920年初至1926年8月，刘鸿生独资或合资的民族企业，煤炭公司13家，码头3个，火柴厂6家，煤矿8个，水泥公司1家，纺织厂5家，其他企业5家，企业数达41家，这段时间正好是他成为上海总商会会员的时间。

为什么他能经营如此众多的企业，概括而言，他经营企业有三大高招：一是重视技术、讲究质量，二是制度健全、严格管理，三是倡导国货、注重宣传。这些经营方式现在看来不怎么样了，但是在20世纪20年代，民族工业发展初期，企业家有这样的理念实属不易。

在涉足煤炭和火柴业的同时，1920年9月刘鸿生创办华商上海水泥公司，总股本120万元，他投资50%。为了订购机器设备，他偕夫人专程赴欧洲访问考察，最后选中德国的水泥生产设备。他每天按时去这个厂细心观察生产流程，有意识与该厂技术人员交朋友，直至摸透生产中的关键性问题后才与德方签订购买设备的合同。经过3年建设，华商上海水泥厂正式开工生产，所产的“象牌”水泥很快在市场上争得一席之地。“象牌”水泥的平均年产量在35万桶，占全国水泥生产能力的8.83%。

他分别于1927年改组了义泰兴码头成立中华码头公司，1928年创设华丰搪瓷厂，1929年创建章华毛纺厂，1931年11月创办中国企业银行，

被舆论评为“企业大王”。

能够掌控和主持那么多企业，说明刘鸿生有非凡经营管理能力，他在当时工商界中以“天才实业家”著称。他善于用人，常说：“用人不疑，疑人不用”，并付诸实际。他管理企业有个法宝——成本管理。他不惜重金，聘请留美会计师林兆棠设计一整套成本会计制度，对每道生产工序都精打细算地核算成本，对每个企业的生产成绩、原料耗用、工资、制造费、厂务费，以及各分事务所的销货数量、营业费用和利润，逐项比较分析，并通报各厂、各事务所，作为改进生产经营的参考，用他自己的话说：“我的企业只有开的，没有关的。”他曾经欲将自己所有的企业合并成一个托拉斯组织。

抗战时期，刘鸿生拒绝与日寇合作，离沪辗转到重庆，在西北再次创办了中国毛纺公司等众多企业，为后方生产建设和抗击日寇实实在在地办厂做事。直到抗战胜利以后才回到上海。

临近上海解放时，刘鸿生年逾六旬，患有心脏病。此时的刘鸿生已经将企业逐渐让儿子担当。二子刘念义担任大中华火柴公司经理，三子刘念礼担任上海水泥厂经理，四子刘念智担任章华毛纺厂经理……，他本人深居简出。可是，国民党军队撤离上海前，硬是要带他离开，社会局长每隔一小时打一次电话。某天，社会局长带领 2 名武装人员闯进刘鸿生住宅，说蒋委员长派专机要你去广州开会，然后驱车直奔机场赴粤。到广州后，刘鸿生见一片混乱，疑其中有诈，悄悄地躲过监视，暂避香港。

刘鸿生的六子刘念悌，即刘公诚，是 1937 年奔赴延安的地下党员。刘公诚将中共“保护民族工商业，实行公私兼顾、劳资两利”的政策告诉父亲，让父亲放心地回来。再说，上海市第一届各界人民代表大会也将开会通知和代表证寄发刘鸿生。1949 年的 10 月，刘鸿生在二子刘念义的陪同下，从香港转道天津、北京回沪。周恩来总理在京专门设宴招待刘氏父子。回上海后，陈毅市长也设便宴招待，欢迎他回来参加经济建设。《上海工商》是 1949 年 11 月上海市工商联筹备会主办的公开出版物。《上海工商》记者闻讯刘鸿生先生回沪，即刻采访了他，请他谈谈当时工业建设问题。刘鸿生对于办企业比较熟悉，针对当时资金缺、设备差、厂房烂的状况，他说："缺乏机器和必要的原料，应该努力拿农产品或特产和某些精良的工业品输出外国，换取外汇。"他批评某些人，说道："办厂的人，应该实事求是地拿出力量来办厂。如果弄一个破厂房，内容空洞，只凭着招牌在市场买进卖出，不仅在生产上无帮助，而且和投机商人一样的有害于社会。"对于当时敏感的劳资问题，刘鸿生非常有把握："劳资问题，并不可怕。只要资方在劳工福利和卫生设施上办得好，劳资关系是不成问题的。"当时全国人口有 4.75 亿，刘鸿生也有独到之处："在克服困难，进行建设时期，中国有两种人是好榜样。人力车夫是男人的好榜样；奶妈是女人的好榜样。他们那种终日勤劳，只求简单温饱的生活方式，和抛开自己利益为人民服务的精神，实为目前全国人民的好榜样。"这是刘鸿生以自己几十年办企业的经验谈国家建设，反映了他对于当时社会经济建设的关切和热心，同时也体现了他爱国爱家爱人民的情怀。"国家兴亡，匹夫有责"嘛。

刘鸿生与工商联的情结难舍难离，延绵半个多世纪。他的三个儿子分别担任工商联的职务。二子刘念义曾担任上海市工商联副主任委员，四子刘念智自 1979 年起连续三届担任中华全国工商联副主席，六子刘公诚亦曾任上海市工商联执委。

（文 / 王昌范，原载《现代工商》2007 年第 5期）

人物提示

刘鸿生（1888—1956），名克定，字鸿生，浙江定海人。1920 年、1922 年、1924 年、1926 年、1927 年上海总商会会员。

崇德纱号主人邵声涛

上海华商纱布交易所32号经纪人是邵声涛。他在纱布交易所做交易时，手段“刹辣”（干脆）。譬如说市面看好，他不管多大的价钿也要买进；反之，他亦不管赚钿蚀本，一刀“杀光”（全部了结），决不犹豫。因此，同行称他为“邵一刀”。

邵声涛是做印度纱起家的，他与印度商人特别亲近。当他发财以后创办崇信纱厂时，一开始就委托印商庚兴洋行管理，向香港注册。

他相信印度人，也相信英国人，更相信迷信。他说一个人发财，必定有财运，也有特征。这个特征是天生的一种形状，就像我是属牛的，而我的形态像牛，这就是“形”，他又说，读书有什么用，世界上只有有钱者差使识字的，没有识字者雇用了有钱者。

他又是一个非常封建的人，重男轻女，每一个女儿出嫁，总是备了一笔嫁妆礼就算了，还要女儿出立一张收条，并言明以后放弃继承权。

邵声涛有一妻两妾，某年发妻去世，邵声涛担心偌大的家财有了两个小妾在，对他的两个儿子（宝熊、宝虎）来说，总是不利的。为了要使他两个儿子太太平平的继承财产，他给了两个小妾一些钱遣散了。

邵声涛别人的话不大相信，只有王仙人的话简直是言听计从。他每次预备下手做交易前，总是要去问问“王仙人”。听仙人的指示，这个秘诀开始时他不肯告诉人，有次，他私下里告诉几个老朋友说：“王仙人”指示做投机有100%的把握，后来他索性经常把“王仙人”请来家中，成为邵声涛的“常客”。邵声涛大女儿的媒人还是仙人做的呢？某天“王仙人”突然对邵声涛郑重其事地说，根据你的命中算起来，目前你做厂是大不利，还是歇一歇。邵声涛怕不听仙人的话要吃亏，就将崇信纱厂的股票在众业公所挂牌售出。在众业公所交易的，热门股是洋商股，崇信纱厂的股票是冷门货。热衷于投机的，不会欢迎这种冷门股，但是印商庚兴洋行的洋大班皮地太却不然，邵声涛卖出，皮地太就买进，因此邵声涛除保存了应有资格的股票外，崇信纱厂40%以上的股票陆陆续续都被皮地太收买，邵本人还蒙在鼓里呢。

隔了很长一个时期，“王仙人”又对邵声涛说，目前对你来说，做厂大利。于是，邵声涛在众业公所挂牌买进崇信股票，印商庚兴洋行的洋大班皮地太依旧陆陆续续卖还给他。这一笔账，我始终搞不大懂。

抗战以后，交易所停业，邵声涛从这个时候开始，也是一刀把手中的存货斩光，此后一直很少做投机交易，直到抗战胜利初期，别人都以为香港被日本占领期内所发出的大批新港币，英国人是不会承认的。许多人争先恐后地将新港币脱手，新旧港币的价格相差很大，但是邵声涛却不然，他相信英国人是讲信用的，决不会因此而失信于人。他就大批买进新港币，数目大约有数百万，当时洪佐尧亦跟进了100万，结果英国人果然为了赢得国际舆论的好评，承认了这一批新港币。这样一来，新港币的价格随即上升，逐渐与旧港币价值相同，同时又把港币整体的价格推上了一步。邵声涛在这一次交易上着实地发了一票。

解放以后，在1951年某月，邵声涛去了香港。年老体弱，至1959年病死于香港。当他临死前念念不忘他遗留在上海的一口楠木棺材，他的学生洪佐尧知道了，于是想尽了办法，花了1000多元港币，把这口楠木棺材运送到香港，邵见到这口棺材后不出三天就闭上了眼睛。

（文/孙煜峰、朱振汉、戚如杲、施成荪，原载《上海总商会的宁波人》）

人物提示：

邵声涛（1876？—1959），浙江慈溪人。1922年上海总商会会员。

王正廷：中国奥运第一人

王正廷

王正廷（1882—1961）是浙江奉化西坞街道人，早年毕业于天津北洋西学堂，1910年获美国耶鲁大学博士学位，能讲流利的英语和法语。1919年为中国出席巴黎和会全权代表之一，在对外交涉中忠于职守，在会上舌战群雄，要求取消“二十一条”，并收回德国在山东的一切权益。他立场坚定，旗帜鲜明地坚持拒签对德和约，其爱国壮举获得国内舆论好评。曾任中国红十字会总会长、中华基督教青年会总干事、北京中国大学校长、北洋政府外交总长、南京国民政府外交部长、驻美大使等职，是民国政坛与外交的重要人物，著有《王正廷博士演讲集》和自传《顾往观来》。王正廷是上海总商会1922年至1927年的分帮会员，时任上海华丰纺织股份有限公司总经理。 该公司后改名为上海国棉八厂。是由他和张英甫等人集资100万元创办于吴淞，1921年6月建成投产。当时占地100余亩，有细纱车100部，纱锭25600枚，有工人千余人。

王正廷十分热心体育事业，曾在全国性体育组织及筹备国内、国际重要竞赛中担任要职。他参加了自1913年开始的历届远东运动会的组织筹备工作，是远东体协的发起人、历届远东运动会的赞助人。1915年第2届、1921年第5届和1927年第8届远东运动会均在上海举行，这对中国早期奥林匹克运动的开展起到了重要的推动作用。王正廷作为当时中国著名的体育领导人之一，担任了第2、5、8届远东运动会会长，为中国体育走向亚洲和亚洲体育事业做出了独特贡献。1920年，国际奥委会承认远东运动会和远东体协，使远东体协成了世界上第一个与国际奥委会发生联系的区域性国际体育组织。国际奥委会曾派日本委员加纳五郎为代表出席第5届远东运动会并致辞，自此中国开始与国际奥委会发生了历史性的初步联系。1922年，王正廷当选为中国第一位和远东第二位国际奥委会委员，使炎黄子孙首次与国际奥委会"亲密接触"。自此中国便与国际奥委会建立了直接的联系，这是中国与奥林匹克运动互相认可和接受的重要里程碑。1924年，王正廷被推选为新成立的中华全国体育协进会（简称"体育协进会"或"全国体协"）名誉会长，后任主席董事。国际奥委会于1931年承认中华全国体育协进会为中国奥委会，从此奥林匹克运动更有了在中国发展的雄厚组织基础，古老的东方大国正式成为国际奥林匹克大家庭的一员，中国也与国际奥委会有了更加紧密的联系。

1932年美国洛杉矶举办第10届奥运会，王正廷用自己的智慧和力量，成功阻止了"伪满洲国"的参加。他首次推荐、组织、资助中国运动员刘长春参加第10届奥运会，并鲜明提出要为祖国争光的口号。当年7月8日，中国运动员刘长春离沪去参加洛杉矶奥运会时，王正廷到上海某码头进行授旗典礼，并致辞："我国此次派君参加奥运会，为开国以来第一次，实含有无穷之意义。余今以至诚之心，代表中华全国体育协进会授旗与君，愿君用其奋斗精神，发扬于洛杉矶市奥林匹克运动场之中。"刘长春肃立行礼接旗后，庄严答道："我此次出席奥运会，受全国同胞之嘱托，深知责任重大，当尽我本能，在大会中努力奋斗。"

1936年和1948年，王正廷作为中国体育代表团总领队，率团先后参加在柏林举行的第11届和在伦敦举行的第14届奥运会。1949年定居香港，任太平洋保险公司董事长。

王正廷曾任上海宁波同乡会副会长，他对家乡公益事业非常热心，先后倡议建筑鄞奉公路，捐资开办务本小学，资助鄞奉公益医院、奉化孤儿院、育婴堂、中正图书馆等。

（文/谢振声）

人物提示：

王正廷（1882—1961），字儒堂，浙江奉化人，1926 年、1927 年上海总商会会员。

绸缎业翘楚沈子槎

沈子槎

1881年，沈子槎生于浙江吴兴，早年闯荡上海滩，在久成绸庄学徒。由于天资聪慧，勤奋好学，进步很快，仅18岁，在生意场上已经能够独当一面，熟悉柞蚕丝生产贸易的季节、产地、质量、价格，是这方面的行家。1912年，他羽翼渐丰，便自立门户创办上海大丰绸庄，一则因为经营有道，不过于锱铢必较，二是因为注重质量，决不搞鱼目混珠，三是因为诚信，童叟无欺。于是，大丰绸庄生意日益兴隆。辛亥革命爆发的那年，他刚届而立之年，却已在绸缎业声名鹊起。

早期商界，总商会是一言九鼎的。因为当时军阀混战，民不聊生，百姓养家糊口，得依赖打工或做点生意，生意行当应时的，赚钱容易点，生意行当不应时、不讨巧，钱少赚点。那么，总商会会员是属于生意场上成功人士加入的组织。在1924年上海总商会的会员名录上，开始有了沈子槎的名字。从《上海总商会会员录》上能知道沈子槎还有个别号，叫“永瑞”。那年他44岁，代表山东河南丝绸业公所加入上海总商会。

殊不知，总商会会员在当时有许多特权，比如：条陈商务，对官府有商业建设、内外贸易的建议权；遇冤抑及钱债纠葛时，由总商会的公断处出面评理；如遇商务谈判，不谙中外法律之处，可向总商会讨教，总商会有专门的法律人才，能协助会员解惑释疑，甚至可能为之出面交涉。还有会员欲商务考察，总商会可以介绍。凡此种种，总商会会员形象是社会上层商业人士，体面的商人。沈子槎能代表山东河南丝绸业公所参加总商会，他在行业中的地位已可见一斑了。

沈子槎收藏古钱币是一个很偶然的机会，那时他已年过半百。在一张摄于 1931 年的照片中，沈子槎与钱币收藏界聂芷庭、李柳塘等人在黄龙洞的合影。他能与这些收藏名家在一起，说明他对于收藏古币研究已经达到了一定的境界。沈子槎收藏的古币与众不同，每种钱币只收一枚，既讲究版式，又注重品相，力求成套。一旦积藏成套，他就邀请工艺大师郑家相为成套的古钱币特制一个精美的楠木匣子，把这些钱币工工整整地镶嵌在木匣之中，以供观赏。

沈子槎不光收藏，还著述研究，现存世的有《子槎、果园两翁古稀寿泉集拓》和《子槎七十泉拓留存》二书，为后人研究古币提供了宝贵的史料。

解放战争时期，各地学生运动彼此起伏。上海学生举行“反饥饿、反内战、反迫害”斗争。沈子槎在陈叔通、盛丕华等工商界人士影响下，渐渐认清形势，同情进步学生、资助进步学生。1947 年 5 月，他以募捐形式资助当时学生运动的宣传费用，并先后保护交通大学等校进步学生，留他们住在家里，以免被当局捕捉，帮助他们走向解放区。据沈子槎家属瞿如清大姐回忆：家里曾经居住过不少陌生人，这些陌生人给她讲解人生道理和解放区的故事。同样，在 20 世纪 50 年代，沈子槎自己的回忆文字里也提到这些事。综合这些材料，可以印证沈子槎当时确实为党做过工作。

1948 年中共中央发出五一号召，号召举行新的政治协商会议和筹备民主联合政府，各民主党派纷纷响应。沈子槎曾协助陈叔通、马寅初、盛丕华、包达三等先后脱离蒋管区，辗转至香港，转道至北平参加新政协的筹备工作。

《上海青年志》有这样一段记载：“沈子槎参加了 1948 年 6 月 3 日交通大学学生自治会召开的反美扶日大型座谈会，参加会议的有上海市市长吴国桢、警备司令宣铁吾、上海市参议长潘公展，复旦大学教授、历史学家周谷城，中国科学社编辑张孟闻、复旦大学理学院院长卢于道，国际问题专家孟宪章，还有交通大学校友、民主人士张絅伯，民族工业家邱文奎。”沈子槎不光私下里资助学生，在公开场合，他敢于同当局交涉。他的正义感不言而喻。

100多年前上海便有各帮口设立的绸业会馆公所，办理验货、议价、装运、纳税等工作。当时有经营杭州货、绍兴货的钱江会馆，湖州货的绉业公所，苏州货的云锦公所，盛泽货的盛泾公所，山东河南府绸帮的鲁豫堂，门市店大同行的绪纶公所，小同行的锦纶公所，以及南京丹阳等帮口。1927年9月，上海特别市商民协会绸缎业分会成立，各帮的行商开始合流。1930年成立上海市绸缎业同业公会，各帮口会馆公所所属的会员单位，多数以其企业名义加入了同业公会，当时除门市店小同行锦纶公所已经解散外，其他各会馆公所的原有组织，继续保留，各自为政。但是，沈子槎是合流后绸缎业同业公会的重要人物。据1947年《上海市各业同业公会理监事名录》记：沈子槎是该会的理事。当时理事不多，在556户会员中，仅有10名理事。上海解放后，于1949年11月，筹组上海市绸缎商业同业公会筹备会，此时，沈子槎年近七十，但是，他从事绸缎行业50年，德高望重，仍然被推为主任委员。而在自己所在的企业，他的堂弟沈季安担任经理。按现在的话说，他是退居二线，担任总监理。不久，公私合营上海国际贸易公司联合董事会成立，他再次担当起董事长的责任。

（文/王昌范，原载《现代工商》2010年第2期）

人物提示：

沈子槎（1881—1969），号永瑞，浙江吴兴人。1924年、1925年、1926年上海总商会会员。

附录
1927 年上海总商会会员录及各业会员名单

1. 上海总商会全体会员

上海总商会合帮会员名单

合帮会员姓名	籍　贯	年　岁	代　表	职　业
秦润卿（祖泽）	浙江慈溪	49 岁	上海钱业公会	福源钱庄
胡熙生（庆桢）	浙江余姚	43 岁	上海钱业公会	怡大钱庄
盛筱珊（钟瑚）	浙江慈溪	50 岁	上海钱业公会	赓余钱庄
谢弢甫（永镳）	浙江余姚	45 岁	上海钱业公会	承裕钱庄
楼恂如（儒舜）	浙江鄞县	42 岁	上海钱业公会	敦余钱庄
严均安（良燊）	江苏吴县	42 岁	上海钱业公会	庆成钱庄
赵文焕（炳章）	浙江上虞	60 岁	上海钱业公会	安康钱庄
沈翌笙（桐）	浙江余姚	60 岁	上海钱业公会	恒兴钱庄
陈子壎（俊伯）	浙江鄞县	53 岁	上海钱业公会	恒隆钱庄
朱允升（星阶）	江苏嘉定	63 岁	上海钱业公会	乾元钱庄
席云生	江苏吴县	52 岁	上海银楼公所	杨庆和发记
郭硕朋	广东潮阳	52 岁	上海潮惠会馆	郭聚安号
朱子谦（大经）	浙江吴兴	59 岁	商船会馆	镇　康
倪文卿（淦）	江苏丹徒	53 岁	上海运输同业公会	转运业
曹兰彬（显瑛）	浙江鄞县	49 岁	震巽木业公会	顺泰木行
朱吟江（得传）	江苏嘉定	53 岁	震巽木业公会	久记木材公司
陈彦清（河）	江苏江宁	61 岁	上海通商各口转运公所	同和公
尤森庭（桢）	江苏无锡	56 岁	上海通商各口转运公所	大川通
王介安（兆昌）	江苏吴县	54 岁	云锦公所	义丰和绸缎庄
吴麟书	江苏吴县	49 岁	纱业公所	益大纱号
贾玉田（璜）	浙江上虞	67 岁	纱业公所	贾永兴
徐庆云（维训）	浙江慈溪	47 岁	纱业公所	福泰棉纱号

续表

合帮会员姓名	籍　贯	年　岁	代　　表	职　　业
吕葆元（立基）	江苏吴县	60岁	绸业绪纶公所	老九纶
陈翊周（兆焘）	广东番禺	63岁	上海茶业会馆	忠信昌
朱葆元	浙江海宁	48岁	上海茶业会馆	震和茶栈
胡德馨	安徽黟县	48岁	上海茶业会馆	乾记茶栈
洪孟盘（法铭）	安徽祁门	38岁	上海茶业会馆	洪源永
沈锦柏	浙江吴兴	42岁	上海茶业会馆	同裕泰
虞善卿（和锠）	浙江镇海	50岁	银楼新同行公会	虞永和
徐补孙（凤辉）	江苏吴县	47岁	金业公会	同丰永
蔡久生	江苏吴县	48岁	金业公会	天昌祥金号
唐子培（鸿业）	江苏无锡	48岁	铁业公会	唐晋记
陆培之（鉴微）	江苏无锡	55岁	铁业公会	恒康铁号
沈润挹（惟耀）	江苏太仓	49岁	南市花业吉云堂	沈恒泰
项如松（松龄）	江苏嘉定	72岁	上海洋货商业公会	老顺记
张兰坪（余芳）	江苏吴县	43岁	上海洋货商业公会	瑞康盛号
张云江（至运）	浙江奉化	63岁	上海洋货商业公会	萃泰昌号
王绍坡（苏海）	山东黄县	67岁	旅沪山东会馆	益顺盛
原福堂（春海）	山东掖县	56岁	旅沪山东会馆	恒祥同
赵聘三（亨珍）	山东黄县	52岁	旅沪山东会馆	益丰长
劳敬修（念祖）	广东鹤山	64岁	广肇公所	泰和洋行
谭海秋（兆鳌）	广东开平	47岁	广肇公所	高易公馆、房产经理
谭蓉圃（彬）	广东香山	52岁	广肇公所	德和洋行
聂云台（其杰）	潮南衡山	48岁	华商纱厂联合会	恒丰纱厂
徐静仁（国安）	安徽当涂	57岁	华商纱厂联合会	
郑云芳（锦裳）	浙江吴兴	74岁	珠玉业韫怀公所	万源昌
顾子槃（家铭）	江苏吴县	48岁	振华堂洋布公所	大　丰
周渭石（师熊）	江苏吴县	54岁	振华堂洋布公所	耕　记
余葆三	浙江鄞县	47岁	振华堂洋布公所	
毛子坚（经畴）	江苏上海	46岁	药业公所	药　业
吴伟臣	江苏吴县	48岁	上海出口各业公会	

续表

合帮会员姓名	籍　贯	年　岁	代　　表	职　　业
俞圭卿（士璋）	浙江镇海	56 岁	上海华商杂粮油豆饼同业公会	全　泰
叶惠钧（增铭）	江苏上海	65 岁	上海华商杂粮油豆饼同业公会	杂粮交易所
徐春荣	浙江绍兴	45 岁	上海绸绫染业公所	一大染坊
沈润挹（惟耀）	江苏太仓	49 岁	中国棉业联合会	沈恒泰
薛文泰（焕章）	浙江镇海	54 岁	中国棉业联合会	振华纱厂、益泰花厂
马骧良（明善）	浙江平湖	50 岁	上海木商会馆	聚丰木行
殷杰夫（鸿俊）	江苏丹徒	48 岁	衣庄公所	福泰提庄
金鉴湖（清泉）	浙江绍县	60 岁	衣庄公所	松　号
陆镜湖	浙江吴兴	53 岁	盛泾绸业公所	广昌成
叶惠钧（增铭）	江苏上海	65 岁	萃秀堂豆业公所	杂粮交易所
冯少山（培熹）	广东香山	43 岁	上海纸业公会	文成隆
罗坤祥	浙江上虞	47 岁	山东河南丝绸业公所	久成协
黄播臣（晋绅）	浙江吴兴	53 岁	江浙皖丝厂茧业总公所	黄绅记
黄式如（钧）	广东顺德	55 岁	粤侨商业联合会	广永兴
石芝坤（奇爋）	浙江鄞县	41 岁	上海南北市报关公所源丰坤记	源丰坤记
周静斋	浙江鄞县	41 岁	上海南北市报关公所	余顺公
郑仁亚	浙江鄞县	39 岁	上海南北市报关公所	仁义公
奚赓虞（元良）	江苏上海	73 岁	嘉谷堂米业公所	杂粮交易所
陈渭芳（聘璜）	福建同安	63 岁	泉漳会馆	建　记
席嘉荪（裕徵）	江苏吴县	65 岁	杭绸业钱江会馆	谦益祥
冯詠梅（振镛）	浙江海盐	51 岁	上海铜锡业公会	冯涌昌
翁思俭（约初）	江苏吴县	28 岁	上海茶商公所	晋泰福
徐源裕（蔚琴）	江苏吴县	48 岁	上海茶商公所	永福隆
项如松（松龄）	江苏嘉定	72 岁	上海五金同业公会	老顺记
曹钜卿（镇）	安徽贵池	50 岁	东庄洋货公所	盈丰泰
施省之（肇曾）	浙江杭县	62 岁	上海江浙丝经同业总公会	丝　业
沈田莘（泽春）	浙江吴兴	44 岁	上海江浙丝经同业总公所	丝经业

续表

合帮会员姓名	籍　贯	年　岁	代　　表	职　业
犹秩东（龙）	四川重庆	39 岁	上海皮商公会	裕厚祥
吴南浦（泽云）	江西吉安	52 岁	江西会馆	大丰恒
芮芷芗（玑）	浙江吴兴	53 岁	纸行同业	恒　通
张钰章（美棋）	浙江慈溪	57 岁	裘业公所	信大祥
谢蘅牕（天锡）	浙江鄞县	52 岁	煤炭总公所	裕昌煤号
潘祥生（其钧）	浙江吴兴	59 岁	浙湖绉业公所	潘和懋祥记
高翰卿（凤池）	江苏上海	63 岁	书业公所	商务印书馆
陈利华（丽华）	浙江慈溪	65 岁	点春堂洋杂货海味业	万裕祥
黄玉书（祥麟）	浙江镇海	55 岁	上海烟叶公会	大有恒
李拔可（宣龚）	福建闽侯	52 岁	福建同乡会	
林承基	福建闽侯	47 岁	福建三山会馆	林承记号
谢渭清	浙江湖州	43 岁	上海华商织袜厂同业公会	中华第一针织厂
李徵五	浙江镇海	53 岁	宁波旅沪同乡会	商报馆
罗倬云（恩祥）	广东南海	61 岁	华商火险公会	福安公司
曹显裕（宽）	江苏句容	58 岁	上海景伦堂纸业公所	豫安号
孔继远	浙江慈溪	50 岁	南市糖业点春堂	万和糖行
陈良玉	浙江镇海	61 岁	上海卷烟同业公会	万昌祥烟号总经理
汪新斋（世铭）	安徽婺源	42 岁	中国蛋厂公会	新昶号
章金馆	浙江鄞县	39 岁	上海呢绒公会	新丰呢绒号
朱秀升	江苏嘉定	46 岁	厢业集义公所	恒发号
葛纯武	四川重庆	52 岁	蜀商公益会	宏裕银号
犹秩东（龙）	四川重庆	39 岁	蜀商公益会	裕厚祥
黎济清	四川巴县	49 岁	蜀商公益会	谦吉祥
费均甫	四川巴县	48 岁	蜀商公益会	益茂祥
陈玉亭	广东潮阳	52 岁	潮州糖杂货联合会	通纺织公司
赵秋章	浙江定海	42 岁	四明旅沪船业公所	煤　业
钱枚岑	江苏上海	36 岁	上海北市米行公会	米　业
李泳裳（厚垣）	浙江镇海	57 岁	商船会馆	新记营运公司
薛文泰	浙江镇海	54 岁	上海油厂公会	大有余油厂

续表

合帮会员姓名	籍　贯	年　岁	代　　表	职　　业
范和笙（衍祚）	江苏无锡	48 岁	沪北经售米粮公会	
忻文尧	浙江鄞县	46 岁	敦仁公所	顺记行
林春於	安徽和县	49 岁	全皖旅沪米商公会	米　行
周麟峰（炳伦）	江苏吴县	48 岁	上海机器碾米公所	裕通镇
忻佑生	浙江鄞县	51 岁	鱼业敦和公所	公顺公大鱼行经理
叶惠钧（增铭）	江苏上海	65 岁	仁谷堂米业公所	杂粮交易所
傅佐衡（恭弼）	江苏南汇	58 岁	上海典质业公所	济宏典
施善庆（洪藩）	浙江余姚	35 岁	上海银炉公会	鼎泰银号
陈瑞源（莲卿）	浙江余姚	60 岁	上海银炉公会	祥泰银号

上海总商会分帮会员名单

分帮会员姓名	籍　　贯	年　岁	职　　业
丁价侯（维藩）	安徽怀县	63 岁	汇　业
丁汝霖	江苏武进	60 岁	鼎裕丝号
丁滋华（季棣）	浙江定海	44 岁	丰裕洋行华副经理
于侣伯（寿椿）	江苏无锡	36 岁	于顺兴船厂
王儒堂（正廷）	浙江奉化	46 岁	华丰纺织公司
王建功	江苏丹徒	42 岁	元和号
王骏生（士俊）	安徽胜德	50 岁	万丰号
王星斋	山东海阳	52 岁	恒丰公司
王拔如	广东南海	71 岁	泰丰公司
王心贯（正聿）	浙江镇海	36 岁	宝丰纱号总经理
王正德（维官）	浙江鄞县	39 岁	烟　商
王嶽峰	浙江定海	28 岁	五金业
王继庭（志衍）	浙江余姚	56 岁	兆丰钱庄
王作霖	江苏无锡	46 岁	复昌祥颜料号
王启宇	浙江定海	45 岁	达丰染织厂
王鞠如	浙江余姚	55 岁	安裕钱庄
王棣辉（正康）	浙江鄞县	31 岁	宁波立兴织造厂

续表

分帮会员姓名	籍　贯	年　岁	职　业
王养安	浙江慈溪	53岁	宏兴永金号
王子崧（承组）	浙江杭县	47岁	上海交通银行
王一亭（震）	浙江吴兴	61岁	大达轮埠公司
王晓籁（孝赉）	浙江嵊县	42岁	大来号
王绶珊	浙江杭县	55岁	上南川盐栈
方式如（积钰）	浙江镇海	62岁	安康钱庄
方粹彦（积瑞）	浙江镇海	52岁	元益糖栈
方椒伯（积蕃）	浙江镇海	43岁	天生煤号
方液仙（传沅）	浙江镇海	35岁	中国化学工业社
方也廉（资和）	浙江镇海	55岁	浦东内河招商机厂
毛鉴清	江苏无锡	41岁	证券物品交易所经纪人
毛和源	浙江鄞县	36岁	华商履瀛西药行
石运乾	浙江鄞县	49岁	上海劝业银行
田子馨（德濬）	浙江上虞	52岁	义生钱庄
史海峰（久鳌）	浙江余姚	40岁	上海中国银行
包竺峰	江西南丰	53岁	西合泰
江少峰（上青）	广东潮安	63岁	中华银行
江裕生	江苏上海	72岁	江裕记营造厂
江纯福	浙江鄞县	54岁	老顺昌祥洋货号
朱焕文（思枢）	浙江慈溪	37岁	轮船招商总局
朱寿丞（钧弼）	江苏吴县	52岁	商办闸北水电公司
朱燮臣（寿延）	江苏上海	49岁	新昌源报关行
朱节香（澄俭）	江苏上海	57岁	中孚绢丝厂股份有限公司
朱亮臣	江苏江都	42岁	上海悦来公司
朱吟江（得传）	江苏嘉定	53岁	久记木材公司
朱静安（定成）	安徽泾县	47岁	顺余机器榨油公司
朱斗文（荣光）	安徽泾县	38岁	裕通面粉厂
朱晋侯（荣爵）	安徽泾县	26岁	裕通面粉厂
朱健行	浙江镇海	31岁	华安水火保险公司

续表

分帮会员姓名	籍 贯	年 岁	职 业
朱子衡（鸿钧）	浙江定海	33岁	平和洋行华经理
朱子谦（大经）	浙江吴兴	59岁	荧昌火柴公司
朱肖琴（秉钧）	浙江海宁	36岁	大同源纸行
朱君榕	江苏吴县	30岁	通和银行
向潜园（道衍）	浙江镇海	49岁	泰来面粉公司
杜经成	江苏上海	52岁	经源花厂
杜家坤	浙江余姚	56岁	义泰兴煤号
杜月笙	江苏上海	40岁	杭州源利布庄驻沪批发所
李炳麟（国钦）	湖南长沙	37岁	华昌贸易公司
李学畅	浙江鄞县	50岁	万成永号
李馥荪（铭）	浙江绍兴	40岁	浙江实业银行
李传声（正瑹）	浙江吴兴	44岁	苏五属盐公廒
李鼎安（廷弼）	湖北黄陂	40岁	鼎新公司
李澍棠（锡琪）	浙江慈溪	43岁	浦东招商机器厂
李伟侯（国杰）	安徽合肥	47岁	轮船招商总局
吴蔚如（光熜）	浙江吴兴	51岁	上海东莱银行
吴声远（继宏）	江苏徐州	45岁	老沙逊洋行华经理
吴缊斋（在章）	江苏丹徒	42岁	上海金城银行
吴耀庭（文炳）	江苏宜兴	54岁	上海证券物品交易所
吴伟臣（廷锡）	江苏吴县	48岁	永兴洋行华经理
吴伯如（宝枢）	浙江吴兴	55岁	刘崇德堂
吴耀庭（文炳）	江苏宜兴	54岁	裕丰永金号
吴均泰（衡瑞）	浙江余姚	51岁	云成丝厂
吴蓉卿	浙江绍县	49岁	隆泰钱庄
吴麟书	江苏吴县	49岁	统益纺织公司
吕岳泉	江苏南汇	51岁	华安合群人寿保险公司
汪新斋（世铭）	安徽婺源	42岁	同新祥蛋厂申庄
何联第	浙江余姚	33岁	何寿康酱园
何楳轩（葆春）	浙江鄞县	62岁	瑞隆颜料号

续表

分帮会员姓名	籍　贯	年 岁	职　业
何积璠（文德）	浙江鄞县	42 岁	列丰进出口行
何少寅（瑨）	浙江镇海	43 岁	轮船招商局
余俊卿（名濬）	浙江镇海	33 岁	华生邮船公司经理
沈锦鸿	浙江余姚	48 岁	源顺福记木行
沈联芳	浙江吴兴	58 岁	恒丰丝号
沈九成	浙江慈溪	44 岁	三友实业社
沈夑臣（嘉晛）	浙江吴兴	48 岁	中法储蓄会中国股份有限公司
沈芝芳（知方）	浙江绍县	45 岁	世界书局
沈润挹（惟耀）	江苏太仓	49 岁	上海证券物品交易所
沈伯逵	江苏吴县	42 岁	华丰进出口行
沈翊青（庆圻）	浙江杭县	36 岁	招商局北栈栈长
沈星德	浙江慈溪	47 岁	华成烟草有限公司
沈承福（泽）	浙江余姚	31 岁	永茂德号
沈厚斋（昌宇）	浙江慈溪	40 岁	祥兴洋行华经理
林涤菴（森）	浙江镇海	50 岁	大丰工业原料公司
林听涛（宗陶）	浙江慈溪	49 岁	林大成布庄
林康侯（祖溍）	江苏上海	52 岁	中华汇业银行
林孟垂（光裕）	浙江鄞县	51 岁	鄱乐煤矿公司办事董事 和丰轮船公司
林春生（怀庆）	浙江鄞县	52 岁	大和行总经理
易次乾	广东鹤山	47 岁	金星人寿公司
金廷荪	浙江鄞县	43 岁	宁波廷荪申庄
邱积卿（应根）	江苏吴县	46 岁	裕成钱庄
邱洪生	浙江鄞县	36 岁	德昶润颜料靛青号
邱省三（长吾）	江苏江都	44 岁	德和靛青公司
周仲华（文治）	江苏上海	62 岁	惠通股票公司
周生发（师英）	浙江镇海	50 岁	周聚康西书社
周肇詠（兆永）	浙江鄞县	70 岁	昌升泰
周健初（延礽）	浙江吴兴	40 岁	通易银行
周渭石（师熊）	江苏吴县	54 岁	耕记洋布号

续表

分帮会员姓名	籍　贯	年　岁	职　业
周黻卿（锡恩）	江西吉安	41 岁	裕盛隆庄
周茂兰（庭芳）	浙江鄞县	64 岁	大甡堂文明药房
周湘舲	浙江吴兴	64 岁	五属盐公廒
邵兼三（良儒）	浙江慈溪	55 岁	恒祥钱庄
邵子宾	浙江镇海	47 岁	鲁升煤号
邵芷湘	浙江慈溪	46 岁	明华银行
邵子瑜（义莹）	江苏吴县	61 岁	轮船招商总局
邵立坤（仲莲）	浙江慈溪	56 岁	合记地产公司
胡方锦	浙江鄞县	49 岁	上海江南银行
胡元田（鸿兆）	江苏上海	38 岁	鸿源金漆颜料号
胡笔江（筠）	江苏江都	47 岁	中南银行
胡甸荪（诒经）	浙江慈溪	53 岁	怡春茶栈
胡熙生（庆桢）	浙江余姚	43 岁	怡大钱庄
胡孟嘉（祖同）	浙江鄞县	40 岁	上海交通银行
郁均侯	江苏上海	43 岁	郁均记地产经理处
柳余甫	江西万载	61 岁	柳余记夏布庄
范和甫（大本）	浙江镇海	42 岁	公益玻璃公司
范回春	浙江鄞县	49 岁	三星银公司
洪雁宾	浙江镇海	38 岁	联益轮船公司华经理
施才皋（在浩）	浙江鄞县	65 岁	好华洋行华经理
奚萼衔（光华）	江苏吴县	44 岁	瑞康颜料号
俞静波	安徽婺源	34 岁	天开祥制造厂
俞澄如（宗滢）	江苏吴县	56 岁	衡吉钱庄
俞子章（珊）	浙江镇海	48 岁	有余房产公司
俞哲夫（显祺）	浙江鄞县	42 岁	上海裕昌煤号
姚锦林（锡舟）	江苏上海	53 岁	姚新记营造厂
夏巨川（济）	江苏镇江	43 岁	华商烟公司
夏仲芳（德福）	江苏上海	44 岁	怡康花纱号
夏棣三（偕夏）	浙江杭县	53 岁	鄱乐煤矿公司

续表

分帮会员姓名	籍贯	年岁	职业
夏筱芳	江苏青浦	31岁	商务印书馆
袁祖怀（承恺）	浙江慈溪	56岁	哈同洋行华经理
袁履登（礼敦）	浙江鄞县	49岁	宁绍商轮公司
袁近初（远）	浙江上虞	44岁	中央信托公司
袁忠雷	浙江镇海	56岁	东信机器厂
张椿年	浙江鄞县	45岁	实学通艺馆
张凝甫（家杰）	浙江海宁	51岁	典业银行
张蔚如（文焕）	浙江嘉兴	39岁	华商证券交易所
张平夫（令安）	浙江吴兴	47岁	中国置业公司
张云江（至运）	浙江奉化	63岁	萃泰昌
张珍侯（培祎）	江苏吴县	33岁	成康润颜料号
张清笙（廷诒）	江苏吴县	44岁	恒孚银楼
张青卿（吉澂）	江苏吴县	45岁	长盛兴记钱庄
张杏村（国廷）	江苏上海	45岁	美丰银行
张纶卿（钊）	江苏太仓	51岁	益泰花厂
张篆初	广东番禺	49岁	润泰祥猪油厂
张朗斋（斯徵）	浙江慈溪	52岁	立兴洋行
张竹卿（宪林）	浙江定海	57岁	利兴烟草公司
张彝仲（恩铭）	浙江桐乡	56岁	招商内河轮船局
张仲炤（志潜）	直隶丰润	51岁	轮船招商总局
张秉镛	江苏上海	53岁	德和盛麻袋号
张宗岳（卓仁）	江苏无锡	52岁	张仁泰铁厂经理
张啸林	浙江慈溪	51岁	杭州龙华织绸厂上海批发所
桑铁珊	浙江山阴	68岁	华安合群保险公司
孙景西（元方）	安徽寿县	45岁	阜丰面粉公司
孙松年（懋孝）	湖北武昌	58岁	恒记花纱号
孙景西（元方）	安徽寿县	45岁	上海中孚银行经理
孙仲康（振邦）	江苏海门	46岁	源泰康号
孙梅堂（鹏）	浙江鄞县	44岁	美华利钟表号

续表

分帮会员姓名	籍　贯	年　岁	职　　业
孙衡甫（遵法）	浙江慈溪	53岁	四明商业银行
孙铁卿（衍砚）	浙江余姚	47岁	信通商业储蓄银行
孙慎钦（德全）	浙江鄞县	52岁	汉冶萍公司
孙泉标（镳）	浙江镇海	49岁	颐丰号
孙春生	浙江余姚	29岁	锦兴营业公司
马骏卿	直隶天津	46岁	震寰织造厂
马玉山	广东香山	48岁	中华国民制糖公司
唐宗麟（宝书）	广东香山	37岁	上海香港国民银行
唐炳章	四川重庆	58岁	裕昌火柴公司
唐子培（鸿业）	江苏无锡	51岁	唐晋记五金煤铁号
唐宝昌（鸿基）	江苏无锡	26岁	晋益昌记铁号
唐冠东（宝泰）	广东香山	35岁	瑞泰机器石粉厂主
高实之（思翰）	广东潮阳	59岁	源来行
高晓东	山东海阳	48岁	恒兴公黄丝号
高馥荪（鼎铨）	浙江余姚	49岁	利达蓬行
祝伊才（际盛）	江苏无锡	45岁	源盛公花号
席聚星	江苏吴县	45岁	住友银行华经理
席鹿笙	江苏吴县	44岁	汇丰银行华经理
席玉书（裕麒）	江苏吴县	57岁	普益代办物品有限公司
席锡蕃（裕康）	江苏吴县	65岁	中法工商银行
徐冠南（棠）	浙江桐乡	62岁	东裕地产公司
徐坤久（高）	浙江镇海	50岁	泰来面粉公司
徐春荣	浙江绍兴	45岁	隆泉公记
徐时隆	浙江鄞县	53岁	恒隆镜子厂
徐辅卿（才良）	浙江鄞县	46岁	华大公司
徐懋堂	浙江慈溪	28岁	大英银行
徐寄庼（陈冕）	浙江永嘉	46岁	上海浙江兴业银行
徐霞村（勳）	浙江余姚	53岁	景纶纺织厂
徐乾麟（懋）	浙江余姚	65岁	模范工厂

续表

分帮会员姓名	籍　贯	年　岁	职　业
徐新六	浙江杭县	38 岁	上海浙江兴业银行
徐季凤（翔）	浙江慈溪	47 岁	百汇商业储蓄银行
徐采丞	江苏无锡	37 岁	民生纺织公司
徐翔孙（国钧）	江苏嘉定	43 岁	华美药房
徐蔚伯（元章）	江苏上海	53 岁	上南川吉允升盐号
徐宝琪（骥）	江苏吴江	47 岁	永亨银行
倪锡纯	江苏上海	46 岁	汉冶萍总公司
倪远甫（思宏）	江苏丹徒	67 岁	上海盐业银行
倪文卿（淦）	江苏丹徒	53 岁	元成转运公司
曹启明	江苏上海	45 岁	宝来花纱号
曹义荣	浙江鄞县	51 岁	衡吉钱庄
曹兰彬	浙江鄞县	49 岁	顺泰木行
陶幼江（良）	浙江吴兴	48 岁	天章绸厂
陶昌海	浙江绍兴	34 岁	昌记公司
陶少江（镕）	浙江吴兴	51 岁	锦云丝织厂
陶梅生（棟）	浙江绍兴	61 岁	英领事署账房
陶廷耀（庭耀）	江苏上海	38 岁	亚细亚火油公司华经理
陆伯鸿（熙顺）	江苏上海	53 岁	上海华商电气公司
陆凤竹	江苏青浦	40 岁	中华印书馆
陆少莲（廷樸）	江苏吴县	34 岁	中法银行公司华副经理
陆闻钟（文中）	江苏上海	42 岁	联益贸易公司
陆费伯鸿（逵）	浙江桐乡	41 岁	中华书局总经理
陈筱舟（祖诚）	浙江鄞县	40 岁	永懋号
陈佐唐（铭勋）	浙江杭县	52 岁	仁和正麻号
陈才宝	浙江慈溪	45 岁	元大生纸烟号
陈蒲生（元华）	浙江吴兴	50 岁	中国第一毛绒线厂
陈元泉	浙江上虞	46 岁	元甡钱庄
陈芝生	浙江上虞	51 岁	生记纸号
陈翊廷（鹏）	浙江定海	39 岁	中华凤记玻璃厂

续表

分帮会员姓名	籍 贯	年 岁	职 业
陈枚肃（汝桢）	浙江海宁	56岁	华丰面粉公司
陈乃衎（伯藩）	江苏上海	28岁	中华火柴公司
陈灏泉（瀚清）	江苏上海	43岁	灏记丝号
陈似兰	江苏吴县	35岁	上海精炼公司
陈凤鸣（其昌）	江苏嘉定	46岁	陈公茂花号
陈良槐	浙江镇海	38岁	同泰烟号
陈鹤亭（显良）	浙江镇海	59岁	泰来面粉公司
陈初芗（楚湘）	浙江镇海	31岁	福和烟公司
陈梓传（受昌）	浙江镇海	36岁	可炽铁号
陈引年（馥昌）	浙江鄞县	47岁	葆昌棉纱号
陈玉书（名标）	浙江鄞县	44岁	上海宏生轮船公司
陈布雷（训恩）	浙江慈溪	38岁	轮船招商总局
陈君亮	广东高要	44岁	正大煤号
陈玉亭（开达）	广东潮阳	52岁	纬通纺织公司
陈宝祺	广东台山	34岁	广昌商业公司
陈泽民	广东番禺	57岁	广同昌
陈翊周（兆焘）	广东番禺	63岁	香亚公司
陈云鹏（俭生）	广东香山	42岁	美伦公司华经理
陈雪佳（兆瑞）	广东香山	56岁	太古洋行华经理
陈濯江	广东香山	62岁	捷安电机丝织厂
陈沧来	湖南长沙	33岁	久大精盐公司上海支店
陈迪民	安徽太平	36岁	汉运洋行
陈忆德	江苏南汇	32岁	万大酱园
陈仲久	浙江镇海	34岁	六河沟煤矿公司
陈瑞德（善财）	浙江慈溪	55岁	晋宏食物五金号
陈蝶仙（栩园）	浙江杭县	49岁	家庭工业社股份两合公司经理
陈文俊	广东番禺	39岁	足安电机织袜厂
庄得之（箓）	江苏武进	58岁	上海商业储蓄银行
许辉芝（谦）	江苏丹徒	43岁	宏昶蛋厂申庄

续表

分帮会员姓名	籍　贯	年　岁	职　业
许葆初（承基）	浙江吴兴	44 岁	运通银行
许建屏（鉴平）	浙江嘉兴	38 岁	丝业
许润泉（瀛）	浙江吴兴	57 岁	大丰洋布号
许锦芳	浙江天台	31 岁	鼎丰肥皂公司
许骏发（家声）	浙江慈溪	50 岁	积余产业公司
康政德（镇奎）	江苏上海	44 岁	康镇记
郭若雨（兆霖）	广东潮阳	62 岁	郭乾泰糖栈
郭子彬（鸿晖）	广东潮阳	72 岁	鸿裕纱厂
郭迺生（标）	广东香山	60 岁	永安公司
郭振鸣（鹤年）	广东潮阳	50 岁	鸿丰庄
郭鸾辉（乐）	广东香山	54 岁	永安纺织公司
郭乐轩	广东潮阳	52 岁	郭元安
郭硕朋（兆庚）	广东潮阳	51 岁	郭聚安糖行
郭外峰	浙江鄞县	54 岁	上海证券物品交易所
戚少斋（汝昌）	浙江余姚	51 岁	同益押款合资公司
黄泽生（润宝）	广东东莞	54 岁	先施保险置业公司
黄焕南	广东香山	70 岁	先施公司
黄伯惠（承恩）	江苏上海	33 岁	赓裕钱庄
黄稚清（日復）	浙江杭县	60 岁	盐业
黄磋玖（楚九）	浙江余姚	56 岁	中法药房
黄首民	浙江吴兴	38 岁	泰山砖瓦公司
黄溯初（群）	浙江永嘉	45 岁	通易信托公司
黄静泉	安徽巢县	54 岁	元和号
黄季植（耀祺）	广东香山	60 岁	华纯织造厂
黄金荣	江苏上海	60 岁	荣记地产公司
项如松（松龄）	江苏嘉定	72 岁	老顺记五金号
项松茂（世澄）	浙江鄞县	48 岁	五洲药房
项莲荪（学惠）	浙江鄞县	42 岁	华成机织帆布厂
项荣宝	浙江鄞县	31 岁	六河沟煤矿公司

续表

分帮会员姓名	籍　贯	年　岁	职　业
彭桂航	广东南海	57 岁	金星水火保险公司
屠湘荪	江苏武进	54 岁	上海江苏银行
劳敬修（念祖）	广东鹤山	64 岁	泰和洋行
劳泽生（润德）	广东鹤山	38 岁	泰和洋行
童元聆（诗闻）	浙江鄞县	37 岁	同益商轮公司
冯祖培	江苏上海	31 岁	协和公司
冯迓甫（全璜）	浙江慈溪	39 岁	冯存仁堂
傅筱庵（宗耀）	浙江镇海	56 岁	内河轮船招商局
傅筱庵（宗耀）	浙江镇海	56 岁	轮船招商总局
傅筱庵（宗耀）	浙江镇海	56 岁	中国通商银行
傅其霖（宗瀍）	浙江镇海	40 岁	华安水火保险公司
傅品圭（瑞鑫）	浙江镇海	35 岁	祥大源五金号
傅瑞铨	浙江镇海	31 岁	源安银公司
盛泽承（恩颐）	江苏武进	36 岁	汉冶萍公司
盛玉麐（毓琳）	江苏武进	44 岁	三新纺织公司
盛筱珊（钟瑚）	浙江慈溪	50 岁	赓裕钱庄
盛蘋臣（昇颐）	江苏武进	27 岁	轮船招商总局
盛安抃（在球）	浙江镇海	37 岁	上海煤业银行
嵇霄闾（廷元）	浙江慈溪	46 岁	老美隆洋行华经理
贺寀唐（师章）	浙江定海	44 岁	轮船招商总局
程锦章（文）	安徽婺源	61 岁	祥记丝行经理
程霖生（源铨）	安徽歙县	43 岁	中国根泰合资有限公司
程印午（钟绶）	江苏吴县	36 岁	福康钱庄
程则蕃	江苏江宁	54 岁	上海江苏银行
邬志豪	浙江奉化	44 岁	宝成衣庄
邬挺生（卓然）	浙江奉化	51 岁	中华烟公司
乔薇纯（佐廷）	江苏上海	46 岁	辛纯花纱号
杨季圻（骏）	浙江海宁	42 岁	溢中银公司华经理
杨翰西（寿楣）	江苏无锡	51 岁	广勤纺织公司

续表

分帮会员姓名	籍　贯	年　岁	职　业
杨梅南（枝）	广东香山	56岁	太古行船部华经理
杨寿山（勋）	广东大埔	51岁	泰隆洋行火险华经理
董裕珍	浙江鄞县	33岁	董洪茂颜料号
董体芳（春藩）	浙江绍县	49岁	肇丰靛碱行
董仲生（曾财）	江苏吴县	56岁	庚兴洋行华经理
董杏生（杏荪）	浙江镇海	49岁	董杏记号
董仲章	浙江杭县	41岁	中国公安水火保险公司
虞洽卿（和德）	浙江镇海	61岁	三北轮埠公司
虞顺懋	浙江镇海	28岁	三北轮埠公司
叶鸿英（逵）	江苏上海	68岁	源昌正号经理
叶叔眉（秉良）	浙江慈溪	44岁	上海证券物品交易所
叶山涛（寿春）	浙江海宁	48岁	大盛地产公司
叶焕玉（祥祐）	江苏吴县	60岁	保家火险公司
叶扶霄（薫）	江苏吴县	49岁	上海大陆银行
叶安香	江苏川沙	46岁	兴泰电灯公司
经易门（乾堃）	浙江上虞	35岁	华安合群保寿公司
赵星垣（耀）	浙江上虞	49岁	德泰盛木行
赵文焕	浙江上虞	60岁	安康钱庄
赵竹林	江苏吴县	51岁	礼和洋行华经理
赵福泉	广东新会	45岁	金星人寿公司
赵南公	直隶曲阳	45岁	泰东图书局
赵晋卿（钖恩）	江苏上海	46岁	同益地产银公司
闻兰亭（汉章）	江苏武进	48岁	上海证券物品交易所
裴云卿（铭）	浙江上虞	47岁	同春庄
荣宗锦（宗敬）	江苏无锡	55岁	申新纺织厂
荣宗锦（宗敬）	江苏无锡	55岁	福新面粉公司
管趾卿（祥麟）	江苏无锡	47岁	华发实业公司
厉树雄（汝熊）	浙江定海	36岁	丰盛实业公司
楼丕诚（岳年）	浙江鄞县	60岁	德成厚锯木厂

续表

分帮会员姓名	籍　贯	年　岁	职　业
欧阳荣之	广东香山	53岁	金星人寿公司
蔡志阶（银汉）	江苏上海	49岁	恒隆泰麻袋布号
蔡明存（琴孙）	浙江鄞县	43岁	明存阁书画
蔡声白	浙江吴兴	34岁	美亚织绸厂总经理
蔡一隅	江苏青浦	75岁	裕青轮船公司
郑晋卿	广东潮阳	63岁	晋大当
郑培之（崇基）	广东潮阳	54岁	鸿裕纱厂、鸿章纱厂
郑锡棠	浙江镇海	34岁	平安轮船局
郑桑晞（贤泰）	浙江镇海	52岁	郑裕泰呢绒号
郑良斌	浙江镇海	26岁	恒安轮船公司
郑鉴之	广东潮阳	50岁	同益当
郑佐之	广东潮阳	46岁	宝泰汇票号
潘澄波（作楫）	广东香山	62岁	怡和洋行华经理
潘志铨（明绍）	广东新会	32岁	怡和洋行总账房
谈炳麟	广东顺德	67岁	宝安祥进出口行
乐振葆（俊宝）	浙江鄞县	59岁	泰昌洋货木器公司
刘翰怡（承幹）	浙江吴兴	46岁	刘尊德堂
刘湖涵（安溥）	浙江吴兴	38岁	刘景德堂
刘鸿生	浙江定海	40岁	华商上海水泥公司
刘晦之（体智）	安徽庐江	49岁	上海中国实业银行
刘鸿源	江苏吴县	39岁	一大股份有限银公司
刘季秩	江苏江都	41岁	镇和糖北货杂粮号
刘锡基	广东番禺	55岁	新新公司
刘石荪	贵州贵阳	42岁	上海联保水火保险公司
刘长荫	湖北汉阳	73岁	长兴煤矿公司
刘万青（绍霖）	湖北黄陂	59岁	长兴煤矿公司经理
刘廉巽（郇）	浙江镇海	52岁	中国通商银行南市分行副经理
霍守华	广东南海	48岁	裕繁铁矿公司
卢少堂（金鉴）	江苏吴县	60岁	贵兴地产公司经理

续表

分帮会员姓名	籍　贯	年　岁	职　业
诸文绮	江苏上海	42岁	启明染织厂
穆藕初（湘玥）	江苏上海	52岁	纱布交易所
穆恕再	江苏上海	54岁	德大纱厂
钱康甫（宗德）	浙江鄞县	33岁	元昌五金号
钱庠元（立缙）	浙江慈溪	66岁	钱存济药号
戴承志（成祥）	浙江定海	36岁	轮船招商总局
戴耕莘（芳达）	浙江镇海	33岁	利昌五金号
戴仪仲	浙江绍县	30岁	志成进出口号
薛文泰（焕章）	浙江镇海	54岁	振华纱厂、益寿花厂
薛润生（行德）	浙江镇海	31岁	泰生号
薛慈明（莹中）	江苏无锡	54岁	薛慈记经理产业公司
谢蘅牕（天锡）	浙江鄞县	52岁	裕昌煤号
谢伯殳（桀涣）	浙江余姚	37岁	中国通商银行虹口分行
谢仲笙（志镛）	浙江慈溪	55岁	轮船招商总局
谢弢甫	浙江余姚	45岁	承裕钱庄
谢光甫（永耀）	浙江余姚	50岁	鑫永记地产公司
谢继善	浙江慈溪	37岁	轮船招商总局
谢锡九	广东澄海	27岁	谢成利号
应金祥（心鉴）	浙江慈溪	38岁	隆泰钱庄
韩玉麟	江苏吴县	47岁	中国运输公司
韩芸根（兆蕃）	浙江定海	59岁	柳江煤号公司、湧记煤号
兰壁如（之珏）	广东大埔	36岁	张裕酿酒公司
庞竹卿（志德）	江苏吴县	64岁	久成绸庄
简玉阶	广东南海	52岁	南洋兄弟烟草公司
魏乙清（藜照）	浙江余姚	48岁	怡和渝报关行
魏庭蓉（廷荣）	浙江慈溪	37岁	元泰呢绒洋货号
关兆桢（仁山）	广东南海	60岁	茂和兴号
关叠融（广怡）	广东南海	50岁	旗昌沅合记油厂
谭海秋（兆鳌）	广东开平	47岁	中国兴记兴业烟草公司总理

续表

分帮会员姓名	籍　贯	年　岁	职　业
严康楙（英）	浙江鄞县	50 岁	永聚钱庄
严如龄（照鉴）	浙江镇海	59 岁	东方皮毛公司
严成德（馨）	浙江余姚	45 岁	中央信托公司
严敬舆（隽堃）	江苏吴县	35 岁	东南植业银行
严直方（端）	广西昭平	43 岁	中华国民制糖公司
严祝三（智文）	浙江慈溪	32 岁	南市自来水公司
严瑞棠（义溥）	浙江慈溪	46 岁	轮船招商总局
顾子槃（家铭）	江苏吴县	48 岁	大丰洋布号
顾馨一（履桂）	江苏上海	58 岁	立大面粉公司、申大面粉公司
顾伯威（心毅）	江苏川沙	29 岁	顾兰记经租账房
顾棣三（兆德）	江苏吴县	51 岁	顾棣记
顾文耀	浙江鄞县	60 岁	义成丰
顾鼎梅（燮兴）	浙江绍兴	53 岁	科学仪器馆
顾重庆（同汾）	浙江吴兴	32 岁	巴勒保险公司经理
顾云山（永福）	江苏上海	49 岁	衣　厂
龚子渔（梁）	浙江慈溪	53 岁	中国棉业银行
冯味琴（惟勤）	江苏吴县	59 岁	汇丰银行
冯仲卿（诵青）	浙江余姚	44 岁	上海中国银行
冯炳南	广东高要	40 岁	上海大丰庆记纺织有限公司
冯燮之（恭洽）	浙江慈溪	45 岁	泰康钱庄经理
恽季申	江苏武进	71 岁	大沅制盐公司

上海总商会编印:《上海总商会会员录》，1927 年。

2. 上海总商会各业会员名单

银行业

王子崧　江少峰　朱君榕　季馥荪　吴蔚如　吴蕴斋　贝淞孙　陈蔗青　周健初
胡方锦　胡笔江　胡孟嘉　袁近初　张凝甫　孙景西　孙衡甫　孙铁卿　唐宗麟
席鹿笙　席锡蕃　徐懋棠　徐寄庼　徐新六　徐季凤　徐宝琪　倪远甫　庄得之

许葆初　黄溯初　屠湘荪　冯味琴　冯仲卿　盛安孙　叶扶霄　刘晦之　刘廉巽
龚子渔　顾治穀　谢伯殳　严敬舆　严成德　陈筱舟　唐寿民

钱　业

秦润卿　胡熙生　盛筱珊　谢弢甫　楼恂如　严均安　赵文焕　沈翌笙　陈子壎
朱允升　王继庭　王鞠如　方式如　田子馨　吴蓉卿　邱积卿　邵兼三　胡熙生
俞澄如　周黻卿　张青卿　曹义荣　郭振鸣　黄伯惠　冯燮之　赵文焕　裴云卿
应金祥　严康楙

轮船业

王一亭　李伟侯　何少寅　林春生　邵子瑜　洪雁滨　袁履登　张彝仲　张仲炤
陈布雷　陈玉书　童元聆　盛苹臣　贺寀唐　相梅南　虞洽卿　虞顺懋　蔡一隅
郑锡棠　戴承志　谢仲笙　严瑞棠　沈翌青　康政德

房地产业

吴伯如　邵立坤　郁均侯　俞子章　张平夫　徐冠南　许骏发　黄金荣　叶山涛
厉树雄　刘翰怡　刘湖涵　卢少堂　薛慈明　谢光甫　顾伯威　顾棣三　孙春生
孙泉标

纺织业

聂云台　徐静仁　王儒堂　吴麟书　徐采丞　陈玉亭　郭子彬　郭鸾辉　冯炳南
盛玉麐　荣宗锦　薛文泰　范迪秋　陈蒲生　项莲荪

棉　业

薛文泰　杜经成　孙松年　孙仲康　祝伊才　曹启明　陈凤鸣　乔薇纯　薛润生
顾云山

保险业

罗倬云　吕岳泉　易次乾　桑铁珊　黄泽生　彭桂航　傅其霖　杨寿山　叶焕玉
经易门　赵福泉　蒋季范　刘石荪

进出口业

吴伟臣　王骏生　李炳麟　李鼎安　何积璠　沈伯逵　沈承福　徐春荣　陈宝琪
谈炳麟　戴仪仲　谢锡九　徐辅卿

五金业

项如松 王嶽峰 唐子培 项如松 傅品圭 钱康甫 戴耕莘 唐子培 陆培子
唐宝昌 陈梓传 董杏生 龚翔青

丝茧业

黄播臣 施省之 沈田莘 丁汝霖 王晓籁 朱节香 吴钧泰 沈联芳 高晓东
陈灏泉 许建屏 程锦章 杨奎侯

药 业

毛子坚 章显达 唐庆生 黄磋玖 范和甫 毛和源 周茂兰 徐翔孙 项松茂
冯迓甫 钱庠元 黄云华 周邦俊 屠开徵 袁鹤松

丝织业

王介安 吕葆元 陆镜湖 罗坤祥 席嘉荪 潘祥生 张啸林 陶幼江 陈濯江
蔡声白 庞竹卿 姜麟书 朱谋先

矿 业

林孟垂 孙慎钦 陈仲久 项荣宝 盛泽承 刘长荫 刘万青 霍守华 韩芸根

颜料业

王竹霖 邱洪生 邱省三 胡元田 奚萼衔 张珍侯 劳敬修 劳泽生 董裕珍
董体芳

面粉业

朱斗文 朱晋侯 朱如山 孙景西 徐坤久 陈枚肃 陈鹤亭 荣宗锦 顾馨一

茶 业

朱葆元 陈翊周 胡德馨 洪孟盘 沈锦柏 翁思俭 徐源裕 胡甸荪

煤 业

方椒伯 谢蘅牕 杜家坤 邵子宾 俞哲夫 陈君亮 韩芸根

卷烟业

陈良玉 沈星德 夏巨川 张竹卿 陈才宝 陈初芗 简玉阶 谭海秋

交易所业

毛鉴清 吴耀庭 张蔚如 郭外峰 叶叔眉 闻兰亭 穆藕初 顾叔美 张稷臣
张雩春 高砚耘 龚子范 王志湘 徐诗瘦 徐行书

其他各业

俞静波	叶钟廷	林涤菴	徐时隆	徐乾麟	陈翊廷
童季通	乐振葆	冯詠梅	王拔如	周肇詠	陈瑞德
许廷佐	郭唯一	程霖生	兰璧如	何联第	邵宝兴
张云江	陈泽民	林康侯	顾文耀	叶鸿英	陈玉亭
王棣辉	李安馁	徐霞村	陈文俊	黄鸿钧	王绶珊
李传声	周湘舲	徐蔚伯	陈沧来	黄稚清	恽季申
倪文卿	陈彦清	尤森庭	方吉人	韩玉麟	曹兰彬
朱吟江	马骥良	沈锦鸿	奚赓虞	钱枚岑	范和笙
叶惠钧	陶昌海	孔继远	方粹彦	马玉山	高实之
郭若雨	严直方	吴麟书	贾玉田	徐庆云	王心贯
陈引年	叶惠钧	关兆桢	石芝坤	周静斋	郑仁业
朱燮臣	魏乙青	傅佐衡	庞松舟	钱梅生	郑晋卿
郑鉴之	方也廉	李澍棠	袁忠雷	张宗岳	赵秋章
冯仲容	徐补荪	蔡久生	王养安	吴耀庭	冯少山
曹显裕	朱肖琴	陈芝生	薛文泰	朱静安	张篆初
关叠融	王启宇	陈似兰	诸文绮	沈九成	方液仙
陈翊周	陈蝶仙	许锦芳	江裕生	姚锦林	过养默
谢长生	席云生	虞善卿	殷杰夫	邬志豪	黄玉书
王正德	陈良槐	汪新斋	许辉芝	王鸿滨	朱子谦
陈乃衍	朱寿丞	陆伯鸿	严祝三	张秉镛	陈佐唐
蔡志阶	杜月笙	柳余甫	林听涛	郭逎生	黄焕南
刘锡基	徐春荣	沈吉良	施喜卿	陈瑞沅	犹秩东
严如龄	梁柏枝	叶安香	郑云芳	张钰章	张季棠
陆凤竹	孙梅堂	王绍坡	原福堂	赵聘三	劳敬修
谭海秋	谭蓉甫	黄式如	林承基	李征五	马骏卿
席玉书	陶梅生	陈耕莘	金廷荪	唐冠东	黄首民

刘鸿生	犹秩东	黎济清	费均甫	葛绳武	包竺峰
郭硕朋	陈渭芳	吴南浦	丁滋华	王星斋	朱子衡
吴声远	吴伟臣	沈厚斋	施才皋	袁祖怀	张朗斋
陶廷耀	陈云鹏	陈雪佳	嵇霄闾	项如松	张兰坪
张云江	顾子槃	周渭石	余葆三	曹巨卿	朱秀升
江纯福	李学畅	许润泉	高馥荪	魏庭蓉	李价侯
沈燮臣	林焕章	周仲华	范回春	傅瑞铨	杨季忻
赵晋卿	郑佐之	刘鸿源	顾鼎梅	张椿年	朱耘农
瞿秋舫	张有舜	王省三	方国樑	黄季岩	陆琴舫
金元通	杨永祥	葛杰臣	何祖绳	高翰卿	沈芝芳
周生发	夏筱芳	赵南公	蔡明存	陆费伯鸿	沈叔瑜
张清笙	郭仲良				

（说明）

（一）此项分业以会员录所载各会员职业为标准。

（二）代表团体会员以所代表之业为准，如代表钱业公会即归入钱业。

（三）各业中有重名者系一会员代表二团体以上或兼以个人名义入会者。

上海总商会编印:《上海总商会会员录》，1927 年。

编后记

上海市工商业联合会编辑《上海总商会纪事》三卷本，自 2013 年底提出构想、拟订编写方案、撰稿、签约，到完成全书统稿，已近 7 年。作为一部反映商会历史，且带有研究性质的书稿，从谋篇布局、资料收集、史实考证、文字修改、整体润色，到图片遴选、注释等项工作，编者力图编写一套通俗理解上海总商会历史的书稿，编写一套能够真正反映近代商会参与社会政治、经济、文化、教育、慈善并发挥多方面作用和影响的书稿。

在编辑过程中，遇到许多问题。譬如书的名称问题，起先曾称《上海总商会通俗本》(一、二、三)，但是，概念似乎有些模糊，不太直观。后来考虑称《上海总商会·综述卷》《上海总商会·事件卷》《上海总商会·人物卷》，最后临近出版才确定修改为《上海总商会纪事·综述》《上海总商会纪事·史迹寻踪》《上海总商会纪事·人物寻踪》。再譬如，是每个分卷各用一个书号出版，还是三卷合用一个书号出版，编者曾为每卷单独出版做了准备，也做了努力，但因为种种原因，原本每卷一个书号的愿望又回到了原点，最后是三卷一齐出版，用一个书号。这样也好，增加了这套书的厚重感。

自古以来，士、农、工、商，“商”始终是四民之末。近代以降，商人的形象逐渐发生改变。特别是上海总商会诞生以后，它的作用，它的地位，影响了一个多世纪，有人称上海总商会是“执全国商会之牛耳者”，一点也不为过。商人是人，商人也可以“大写”。在编辑《上海总商会纪事》三卷本时，编者始终以这一观点左右着书稿的编写。

值得一提的是，在编辑过程中，江浙沪各有关单位和有关专家学者大力支持和协助，上海市档案馆研究馆员陈正卿先生执笔《上海总商会纪事·综述》。不少专家学者撰写并提供了精彩的文章，如宁波大学历史系教授孙善根、苏州大学马克思主义学院教授许冠亭……在此深表感谢。

在本书行将付梓之际，还要感谢上海人民出版社的大力支持，感谢历任领导和编辑同志的关心和付出，同时感谢全体关心、支持本书编辑出版工作的领导和同行。

由于编者水平局限，挂一漏万，错误和疏漏之处，恳请专家、学者、同仁以及读者朋友不吝赐教。

编者

2020年11月

图书在版编目(CIP)数据

上海总商会纪事. 人物寻踪/徐惠明主编;王昌范编著. —上海:上海人民出版社,2020
ISBN 978-7-208-13634-2

Ⅰ. ①上… Ⅱ. ①徐… ②王… Ⅲ. ①商会-商业史-上海-民国-通俗读物 Ⅳ. ①F729.6-49

中国版本图书馆 CIP 数据核字(2020)第 195967 号

责任编辑 李 远 王继峰
封面设计 范昊如 夏 雪 等

上海总商会纪事
——人物寻踪
徐惠明 主编 王昌范 编著

出 版 上海人民出版社
(200001 上海福建中路 193 号)
发 行 上海人民出版社发行中心
印 刷 上海商务联西印刷有限公司
开 本 720×1000 1/16
印 张 42
插 页 6
字 数 563,000
版 次 2020 年 12 月第 1 版
印 次 2020 年 12 月第 1 次印刷
ISBN 978-7-208-13634-2/K·2491
定 价 168.00 元(全三册)